Turn Autism Around:

逆风起航

新手家长养育指南

An Action Guide for Parents of Young Children with Early Signs of Autism

[美] 玛丽·林奇·巴伯拉 著 龙 焰 译
（Mary Lynch Barbera）

华夏出版社
HUAXIA PUBLISHING HOUSE

推荐语

"不管你的孩子是完全没有口语表达,还是表达词汇有限,或是有其他任何言语落后的迹象,这本书都会对你有所帮助。关于如何做如厕训练,如何解决吃饭、睡觉、情绪等问题,玛丽在这本书里也提供了解决的详细步骤。"

——天宝·格兰丁(Temple Grandin,Ph.D.)

著有《我心看世界》(*The Way I See It*)等

"玛丽将帮助数以百万计的孤独症孩子作为使命,这让人肃然起敬。这本书会给全世界无数的孩子和家庭带来转机。"

——杰夫·沃克(Jeff Walker)

著有《浪潮式发售》(*Launch*),位列纽约时报畅销书排行榜第一

"作为一名大脑和认知科学的教授,同时也是一对双胞胎早产儿的母亲,我深深地感谢巴伯拉博士在赋能家长这方面所做出的贡献。焦虑的家长们需要的不仅仅是一个答案,在诊断之外还需要一份切实的行动指南。在医疗体系不健全的情况下,巴伯拉博士将家长们从被动等待中解救出来,并且给了他们实用的策略和方法来开始帮助自己的孩子。《逆风起航》绝对是一本必读好书。"

——苏珊·皮尔斯·汤普森博士(Dr. Susan Peirce Thompson)

纽约时报畅销书《光明线饮食法》(*Bright Line Eating*)作者

"巴伯拉博士的这本书为谱系家长们提供了一份实用、详尽的养育指南，巴伯拉博士本人也是一位经验丰富的专家。这本书来得正是时候。"

——马克·松德伯格（Mark L.Sundberg, Ph.D., BCBA-D）

《语言行为里程碑评估及安置方法》（VB-MAPP）作者

"我的孩子刚被诊断为孤独症谱系障碍，这本书里的建议和策略给我们家带来了根本性的改变。在等待诊断和干预的数个月时间里，你也可以帮助孩子取得显著的进步。我两岁的女儿，埃琳娜，就是一个生动的证明。对那些因为孩子的发育落后而担忧的父母们来说，这绝对是一本必读书籍。"

——米歇尔（Michelle C.）

埃琳娜的家长（书中有引用她的故事）

"玛丽·巴伯拉给担忧孩子发育问题的父母们写了一本'行动方案'。通过自己的亲身经历和从业生涯中的真实案例，巴伯拉给出了很多实证有效的方法，引导父母们在谱系儿童的早期干预中做出更多努力。她的建议无疑会给父母们带来强有力的支持，让他们不再感到孤立无援。"

——布里奇特·泰勒（Dr. Bridget Taylor, Psy.D., BCBA-D）

美国 Alpine Learning Group 公司的 CEO 及联合创始人

"我女儿快三岁的时候开始出现语言发育迟缓、行为问题和社交障碍，那时的我手足无措。我只知道孩子的发育出现了问题。幸运的是，我及时地找到了干预资源。事实证明，没有被动地等待诊断，选择及时开始干预，是我做过的最正确的事情。我和女儿是幸运的。但是光靠运气显然是不现实的。现在有了这本书，父母们就不用再走弯路了！这本书正是千千万万谱系父母们所迫切需要的。真希望那时的我也有这样一本育儿指南。"

——朱莉·安·凯恩斯（Julie Ann Cairns）

一位母亲，著有《财富密码》（*The Abundance Code*）

"这本书介绍了很多减少问题行为和促进技能学习的策略。对于父母和专业人士们来说，本书中的实用表格、教学方法以及案例展示都是非常棒的参考资料，可以帮助他们在沟通、社交、行为以及生活技能等领域更好地支持特殊儿童。"

——琳·柯恩·凯格尔（Lynn Kern Koegel，Ph.D.）
斯坦福大学（Stanford University School）医学院客座教授

"对于关注到孩子发育落后的父母们来说，玛丽的这本新书《逆风起航：新手家长养育指南》可以为他们带来受益终身的改变。跟随着书中简洁、步骤清晰的行动方案，我踏上了帮助儿子们的正确道路。如果你想将绝望转变为希望，想让自己学会更多育儿技巧，这本书很适合你！"

——凯尔茜（Kelsey G.）
两名孤独症男孩儿的母亲（本书引用案例）

"在过去的二十多年间，很幸运能成为玛丽·巴伯拉博士的密友，亲眼见证了她的努力所带来的积极影响。在这本书里，玛丽给惊恐无助的家庭们分享了她宝贵的经验。玛丽不仅帮助家长们理解了早期干预的重要性，还教会父母们如何有效地实施干预。《逆风起航：新手家长养育指南》内容详实又通俗易懂，是一本不可多得的好书。"

——迈克尔·默里（Michael J. Murray，M.D.）
宾夕法尼亚州医疗系统，孤独症及精神治疗科部门主管

"《逆风起航：新手家长养育指南》给家长们提供了详尽的行动方案，让家长可以更好地陪伴孩子学习和成长。玛丽鼓励家长成为孩子人生旅程的"掌舵人"，教会家长们如何帮助孩子增进技能，在更加顺畅的亲子沟通中收获快乐！"

——罗丝·格里芬（Rose Griffin，SLP，BCBA）
美国 ABA Speech 平台的创始人

"这本书应该成为每位家长的必读书籍！它能够帮助你及早发现孩子的问题，并且有信心尽快开始干预。哪怕你的孩子不是谱系儿童，玛丽介绍的简单易行的策略也能帮助你获得更好的亲子关系。真希望24年前山姆被诊断为孤独症时，我能够读到这本书。这本书无疑会帮助全世界成千上万的家庭。"

——谢利·布兰德（Shelley Brander）

一位谱系大学生的母亲，著有《移动针头：一个不太可能的企业家的故事》（Move the Needle: Yarns from an Unlikely Entrepreneur）

"对于父母们来说，最恐怖的事情莫过于看着孩子越来越落后于同龄人，却不知道孩子到底怎么了，更不知道怎么去帮助孩子。在孤独症诊断率快速增长的今天，玛丽·巴伯拉博士客观公正的发声，带来了更多希望。孩子们的时间一刻也耽误不起，玛丽的这本书为父母们指明了方向——也让孩子们从今天就开始学习。"

——尤娜·邓肯（Oonagh Duncan），

一名母亲，畅销书《健康如牛》（Healthy As F*ck）的作者

"作为一名职业治疗师，我跟孩子们相处了三十余年。我强烈推荐玛丽的这本新书，它不仅赋能了家长，也给早期干预的从业人员带来很多启发。内容清晰明了，步骤简洁精炼，父母和从业者们可以从本书中学到很多提高孩子语言、社交和自理技能的实用策略，也可以在处理问题行为时更加得心应手。"

——多尔·布兰切特（Dore Blanchet, MS., OTR/L）

美国 Step by Step 儿童干预中心创始人

"玛丽·巴伯拉博士的这本书是一本很好的新手家长养育指南。兼顾科学性的同时贴近实际的需求，这不仅仅是应用行为分析的原则，也是助力于所有孩子健康成长的仁爱之道。"

——里克·库比纳（Rick Kubina, Ph.D., BCBA-D）

宾夕法尼亚州立大学（Pennsylvania State University）教授

"多年来，玛丽·巴伯拉博士的著作一直引领着我，给我带来了很多启发。作为一名谱系的成年人，本书中所强调的早期干预在我本人的成长中发挥了极为重要的作用。家长们、老师们，或者任何一位想要了解孤独症的朋友，都应该读一读这本书。"

——克丽·马戈（Dr. Kerry Magro, Ed.D.），注册孤独症治疗师（CAS）
职业演说家，畅销书作者，孤独症人士权益倡导者

"玛丽·巴伯拉博士的书和课程给我们家庭带来很多帮助，让我们能及时采取行动，扭转孤独症带来的不利局面。在等待诊断和干预资源的时间里，我学会了如何教孙子沟通，如何塑造他的行为。玛丽的方法通俗易学，帮助我这个老人家在照顾孙子的过程中不断攀登，不断前进。"

——黛安（Diane H.）
一位"干劲十足的"奶奶

"已经觉察到孩子早期谱系特征的父母们，都面临着选择干预和教育资源的关键决策，玛丽·巴伯拉的这本养育指南可谓是'及时雨'，给父母们提供了很有价值的参考信息。这本指南给父母们提供了'拿来就可以用'的方法和策略。哪怕在孩子还没有进行任何正式的能力评估之前，父母们也可以利用好干预的黄金期，避免在等待中白白浪费了时间。"

——加里·麦耶森（Gary S. Mayerson）
律师，著有《孤独症独立宣言》（Autism's Declaration of Independence）

"玛丽·巴伯拉博士既展现了行为分析的科学性，也教会了父母们跟孩子快乐互动的方法，让父母们即使在没有专业资源的情况下也能进行有效的居家干预。玛丽书中提到的这些策略不仅仅能给孩子带来终身的积极影响，还能帮助你自己成为更好的父母。"

——阿曼达·凯莉（Amanda N.Kelly, Ph.D., BCBA-D）
执业行为分析师（LBA），播客"Behaviorbabe"

"这本书涵盖了儿童发展领域的方方面面，从游戏技能到睡眠习惯，以及生活中的各种场景。当下的父母们常常会感觉到迷茫和沮丧，这本书给了我们重拾信心的机会，让我们在日复一日的压力中得以喘息。"

——梅根·米勒（Megan Miller, Ph.D., BCBA-D）

执业行为分析师（LBA），美国 Do Better Collective 平台的创始人及作者

"《逆风起航：新手家长养育指南》是一本兼具实用性和权威性的好书，可读性强，充满了积极和乐观的力量。近年来，适合谱系家长们的专业学习资源逐渐增多，但高质量的资源还是整体偏少，这本书值得占据一席之地。"

——威廉·休厄德（William L.Heward, Ed.D., BCBA-D）

俄亥俄州立大学（Ohio State University）教育与人文学院荣誉教授

谨以此书献给我的儿子们，
卢卡斯和斯宾塞，是你们教会了我：

所谓"正常的"标准是不存在的。

生活不是百米冲刺……而是一场局势不断变化的马拉松。

而最终……作为一名家长的长跑是没有终点线的。
我永远都不会停止学习，学习成为一名
更好的老师、倡导者和母亲。

儿子们，我爱你们！

致　谢

过去几年间我一直在建设我的在线课程和交流论坛，支持着来自全世界八十多个国家的学员。本来我是完全没有打算写这本书的，但是陆续地收到很多婴幼儿课程学员们的好消息，看到有的孩子在几周甚至几天之内就收获了令人惊喜的进步，我意识到也许我应该尽快地把我的TAA™（Turn Autism Around™）方法分享给更多的人，于是就有了这本书。

感谢所有家长们的信任，放心地让我参与孩子们的干预，在我逐步发展TAA方法时愿意跟我一起努力。特别要感谢愿意让我把她们的故事分享出来的妈妈们，这些真实的案例帮助到了更多的人。"我从她们身上学到的不比我教给她们的少"，这听起来也许像是客套的说辞，但我们如此合拍，也许注定了我们会走到一起。衷心地感谢所有一路以来支持着我的父母们和同行们。

我的线上推广导师杰夫·沃克（Jeff Walker），也是本书最早期的支持者之一。在杜兰戈①的一场奇妙的策划工作坊中，是杰夫启发了我，要从解决几千人的问题向解决百万人的问题转变，这也为我写第二本书埋下了伏笔。杰夫和Launch俱乐部的成员们，还有我的创作合伙人安·谢巴尼（Ann Sheybani）、沃尔特·汉普顿（Walt Hampton）、伊琳娜·李（Irina Lee）、乌娜·邓肯（Oonagh Duncan），这些极具才华的伙伴们用他们的天赋和人脉帮助我顺利地完成了出版计划。

非常感谢天宝·格兰丁教授（Temple Grandin）为本书作序。感谢梅拉尼·沃陶（Melanie Votaw）帮助我完成本书，让我能按时交稿！

感谢帮忙审阅初稿的朋友们，感谢卡拉·伦宁格（Kara Renninger）、凯

---

① 译注：杜兰戈（Durango），美国科罗拉多州西南部城市名。

茜·亨利（Kathy Henry）、玛丽·林奇（Marie Lynch）、蕾切尔·史密斯（Rachel Smith）、凯尔茜·杰娜勒尔（Kelsey General）、詹娜·佩西克（Jenna Pethick），你们的建议都太棒了！

感谢我的代理人露西达·布卢门菲尔德（Lucinda Blumenfeld），是你看到了这本书和 TAA 方法对于其他人的价值。

感谢我的编辑梅洛迪·盖伊（Melody Guy），还有里德·特雷西（Reid Tracy）、帕蒂·吉夫特（Patty Gift）和整个海氏出版社团队的支持，让本书得以顺利出版。

最后，感谢我的丈夫查尔斯（Charles）和我的儿子们卢卡斯和斯宾塞（Lucas and Spencer）的支持，是你们一直陪在我的身边，支持着我的事业、我的梦想，见证了我每一步的成长。

目 录

前　　言 ·· 1

第 一 章　出现孤独症早期征兆非常紧要
　　　　　——那我们为什么要等？ ·· 3

第 二 章　孤独症？多动症？抑或"只是"语言发育迟缓？ ············· 19

第 三 章　保证孩子在家、学校和社区的安全 ································ 32

第 四 章　通过简要的评估，找到行动的起点 ································ 40

第 五 章　收集资料，制定方案 ··· 53

第 六 章　解决情绪问题，让孩子开始学习 ··································· 64

第 七 章　发展孩子的社交和游戏技能 ··· 81

第 八 章　教孩子沟通和听指令 ··· 96

第 九 章　孩子有口语却不能与人对话：
　　　　　帮助孩子扩展语言的策略 ·· 111

第 十 章　解决挑食问题 ·· 128

第十一章　停止床上的打闹：解决睡眠问题 ································ 143

第十二章　摆脱纸尿裤：如厕训练 ··· 157

第十三章　看医生和理发的脱敏教程 ··· 171

第十四章　成为孩子最好的老师，倡导更好的生活 ······················ 182

术 语 表 ·· 191

译 后 记 ·· 197

前　言

在我三岁的时候，我妈妈意识到我发育有些异常。我的语言和行为表现都不像邻家的那个小女孩。当大人们的语速较快时，在我听起来，就是一些没有意义的音节。我那时认为，大人们有着他们特殊的语言。我仍然记得我不能正常沟通时的沮丧，我用尖叫和大发脾气来表达。

直到1949年，在我两岁的时候，孤独症才被公众所广泛认知。我刚开始被一位神经科医生诊断为"脑部损伤"，医生建议我妈妈找一位言语康复师教我说话。妈妈还雇用了一名保姆整天陪着我，不让我闲着。她甚至摸索出预防我大发脾气的方法，还学会了怎么教我等待以及如何轮流玩游戏。妈妈从未放弃过我，所以我学会了用口语来正常交流。

我一直都很喜欢艺术和动物，而这些兴趣的养成还得感谢早年间妈妈和老师们对我的支持和鼓励。我后来取得了心理学和动物科学的双博士学位。我在科罗拉多州立大学的动物科学部门当了很多年的教授。我的发现和研究推动了畜牧业的显著发展。

我出版过一些关于孤独症的书籍，在一些会议上发表过演讲，还有一部以我的生活为原型的电影获得了艾美奖。因为这些，有人称我为世界上最著名的孤独症人士。有很多次，年轻的父母们问我，当自己两三岁的孩子还没有开口说话或者有其他孤独症症状时，应该怎么办。而且因为年龄的问题，孩子们至少还要再等一年，才能得到正式的诊断或者干预资源。我会尝试着让他们积极起来，拿自己举例子来让他们看到更多的可能性。

但最重要的是，我会告诉他们：必须尽快行动起来，尽早开始家庭干预。我是早期干预的坚定拥护者，我认为那些发育迟缓的孩子们尤其需要尽早开始干预。对于孤独症、言语发育迟缓或者感官处理失调等障碍来说，干预的方法会有一些共通之处。最坏的事情莫过于被动等待着，什么也不做。

玛丽·巴伯拉的这本书会告诉你，无论孩子有没有孤独症的诊断，你可以做哪些早期干预，以及你可以怎么开始。当孩子迟迟不开口说话或者出现其他发育性障碍的时候，这些内容对于父母们来说是非常有帮助的。玛丽自己本身是一位重度孤独症孩子的母亲，是一名护士，也是一名行为分析师，所以她很了解年轻妈妈们的需求，知道怎么样去帮助她们。通过这本书，你也可以看到玛丽从一名惊慌失措的母亲转变为孤独症专家的历程。

玛丽在书中推荐的其中一个策略是：当你跟孩子说话的时候，慢慢地说，有趣地、生动地说。玛丽还鼓励父母和治疗师们把单词与实际物品以及图片配对起来。放慢语速和单词与视觉配对的组合策略对我自己的帮助很大，对于很多其他孩子来说，效果也很好。

不管你的孩子目前是完全没有口语表达，还是表达词汇有限，还是有其他任何言语落后的迹象，这本书都会对你有所帮助。父母们经常会问我，怎么做如厕训练，怎么解决吃饭、睡觉、情绪等问题。玛丽的这本书里提供了解决这些问题的详细步骤。

作为父母，你已经觉察到了孩子发育过程中的一些问题，很显然，他/她需要别人的帮助和支持。玛丽的这本书会告诉你，这个"别人"也可以是你自己。

——天宝·格兰丁（Temple Grandin, Ph.D.）
著有《我心看世界》等书

第一章

出现孤独症早期征兆非常紧要
——那我们为什么要等？

如果你翻开了这本书，很有可能你正因为孩子发育上的迟缓而倍感压力、不知所措。更糟糕的是，你可能正在等待着评估或者干预的排位，漫长的等待期让你沮丧不已。当你的孩子被确诊为孤独症，但是没有任何人告诉你应该怎么来改善这一切时，你感到愤怒。无论你是在孩子大发脾气时束手无策，还是因为孩子语言的缺乏而忧心忡忡，抑或是在医生和治疗师给不了你想要的答案时感到迷茫——这些我都懂。作为一名孤独症孩子的母亲，这些我都亲身经历过。

甚至你还会这样问你自己：

也许我的孩子只是比较有自己的想法？

也许我的孩子只是说话晚一些，随着年岁增长他自己会赶上来？

这些也许是多动症的症状？

难道答案是那个可怕的字眼——孤独症？

抛开诊断不谈，作为父母，我可以怎么帮助我的孩子？有什么我能做的吗？

作为一名执业二十余年的国际孤独症专家和一位孤独症孩子的母亲，我经历得太多了。对于孤独症及其他发育性障碍的早期筛查与诊断的体系是很不完备的。看到如此多的家长饱受困扰却不知道可以做些什么，我非常难过。

等待评估的队伍实在是太长了，面诊的时间遥遥无期。而就算你的孩子已经有了明确的孤独症诊断，你可能依然要排队，等待着机构的学位。但现在有一个好消息：你不用等待了。其实，你在任何时候都不应该被动等待。

以下可能是你将在这本书里读到的最重要的句子：

语言和社交上的发育落后（通常也是孤独症的早期症状）是很紧急的事情。你不用非得等到正式的诊断下来了或者一整个团队的专家都配齐了再开始你的干预。

在孩子落后得越来越多之前，尽快教给孩子恰当的沟通方式和减少他们的问题行为是非常重要的。

大部分父母都不知道，发育性障碍其实非常普遍。事实上，就 3~17 岁这个年龄段来说，平均每 6 个孩子里面就有 1 个孩子（约 17.8%）被诊断患有发育性障碍[①]。这些障碍包括注意缺陷多动障碍（ADHD）、孤独症谱系障碍（ASD）、脑瘫（CP）、神经性耳聋、智力障碍（ID）、学习障碍、言语和语言障碍等。所以如果你因为自家孩子说话晚、注意力不集中或者情绪过度失控而担心，这样的担心不是多余的，而且你不是一个人。

发育性障碍的高患病率让人担忧，而孤独症谱系障碍的患病率可以说是飞速增长，目前已经达到了平均 50 个孩子里面就有 1 个孩子患有孤独症。1999 年我儿子卢卡斯确诊的时候，孤独症患病率是 1/500。如下图所示，在 1970 年代，孤独症的患病率被估计为 1/10000。这么多孩子被诊断为孤独症、多动症及其他发育性障碍，关于其中原因的说法不一而足。但有一点很明确：患病率之高，令人震惊。

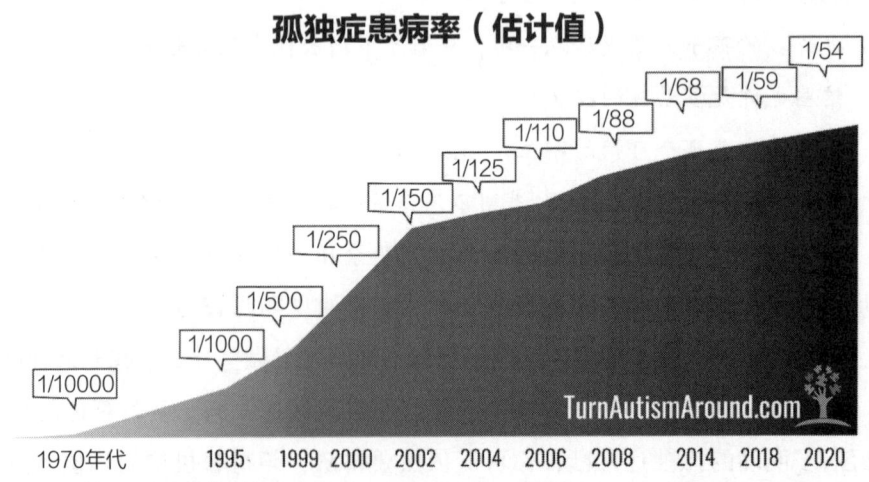

孤独症患病率（估计值）

年代	患病率
1970年代	1/10000
1995	1/1000
1999	1/500
2000	1/250
2002	1/150
2004	1/125
2006	1/110
2008	1/88
2014	1/68
2018	1/59
2020	1/54

TurnAutismAround.com

数据来源：美国国家疾病控制中心（Centers for Disease Control）

---

① 原注：Centers for Disease Control and Prevention, "Increase in Developmental Disabilities Among Children in the United States," accessed July 28, 2020, https://www.cdc.gov/ncbddd/developmentaldisabilities/features/increase-in.

作为一名博士级的行为分析师（BCBA-D），在过去二十多年的工作中，我经历了全球卫生紧急情况的加剧。当孤独症和其他发育性障碍的患病率急剧上涨时，医疗服务人员的供给出现严重短缺，尤其是那些能够为孤独症儿童提供评估和诊断的专业人员。这包括儿科医生、神经学家、儿童精神科医师和资深心理学家等。我们需要一次专业的评估来确定孩子"仅仅是"发育落后还是有更严重的发育障碍，例如孤独症或者多动症，而这个评估排位的等待期可能长达九个月到两年。由于发育性障碍的症状表现经常会出现交叉，所以孩子年纪比较小时，有些医生会让父母半年后再来复诊。我还了解到许多孩子有被误诊的经历（医生诊断只是轻微的发育落后但实际上是孤独症）或者在不同时期得到了不同的诊断。例如：一个孩子在两岁的时候可能被诊断为言语发育迟缓和感官处理障碍（SPD），在四岁时却被诊断为注意缺陷多动障碍（ADHD），又在六岁时被诊断为孤独症谱系障碍（ASD）。

在绝大部分的案例中，父母都在被动等待，焦虑不已。你能想象这样的场景吗？你担心孩子得了癌症，儿科医生也赶紧帮你转诊了肿瘤专科医生……但是你必须排队等待九个月才能看诊。九个月后孩子被确诊为癌症，却需要继续等待更长的时间才能开始化疗。每每看到因为孩子得不到早期的准确诊断和康复资源，家长只能被迫等待时，我都感到非常惋惜。

研究表明：平均来说，孩子们直到四五岁才会得到正式的孤独症诊断，尽管发育异常显现的时间比这个要早得多。现实就是，大概50%的孤独症孩子直到上小学才开始得到康复和干预资源。到那个时候，很多孩子已经有了严重的语言和行为障碍，有一些甚至存在严重的智力障碍（IQ在70以下）。这主要是因为他们的孤独症症状没有被及早地发现和治疗[1]。

不幸的是，这种状况在非白人儿童的群体中更为严重。在美国，他们普遍比白人儿童要更晚地得到诊断和干预。一份近期的报告指出，患有孤独症的儿童里面，27%的白人儿童同时患有智力障碍，而这个比例在非裔和西班牙裔的孤独症儿童中分别是47%和36%[2]。

---

[1] 原注：A. Klin and W. Jones, "An Agenda for 21st Century Neurodevelopmental Medicine: Lessons from Autism," *Revista de Neurologia* 66, S01 (March 2018): S3–S15.

[2] 原注：A. Klin et al., "Affording Autism an Early Brain Development Re-definition," *Development & Psychopathology*, (September 2020): 1–15. https://doi.org/10.1017/S0954579420000802.

在我近期参加的讲座中，阿米·克林博士（Ami Klin）指出：尽管孤独症特质在很大程度上是由基因决定的，但如果孩子能在年幼时得到干预，那些常常与重度孤独症并发的智力障碍、语言障碍和行为问题就能得到很好的预防或改善。这也是他与同事在 2020 年共同发表的一篇研究论文中的观点。克林博士及其他研究者共同建议：预防或者改善这些并发障碍的最好方法不是被动地等待那一纸诊断书，而是当异常信号出现时，及时给到家长一些针对性的培训，让家长能够马上在亲子互动中加强社会互动和回合对话的训练[1]。

还有更多的研究表明，如果能够做到早发现早干预，一些孤独症孩子甚至可以恢复到正常的发育水平，与正常发育的同龄人无异[2]。肯尼迪·克里格研究所（Kennedy Krieger Institute）的 Interactive Autism Network 主导了两项大型的全美范围内的研究，其数据显示：4%～13%的孩子在 8 岁左右不再被诊断为孤独症，但依然保留了其他的发育障碍诊断，例如语言发育迟缓和多动症[3]。那些在 30 月龄以前被确诊为孤独症且症状相对较轻的孩子，最有可能从早期干预中受益。

在 90 年代末，当我儿子卢卡斯开始显露出孤独症症状的时候，我对孤独症几乎一无所知，也完全没有意识到我是那个可以采取行动帮助他的人。我甚至不知道改善孤独症的症状是一件有可能发生的事情。而现在的我有了一项新的使命，那就是为所有已经确诊的和刚刚开始显露症状的孤独症孩子们而努力，帮助他们改写人生。

---

[1] 原注：A. Klin, "Recent Advances in Research and Community Solutions Focused on Early Development of Social Responding in Infants and Toddlers with Autism," National Autism Conference, August 3, 2020, https://sched.co/cYfb.

[2] 原注：O. I. Lovaas, "Behavioral Treatment and Normal Educational and Intellectual Functioning in Young Autistic Children," *Journal of Consulting & Clinical Psychology* 55, (1987): 3-9.

[3] 原注：M. Sarris, "'Recovery' by the Numbers: How Often Do Children Lose an Autism Diagnosis," Interactive Autism Network at Kennedy Krieger Network, last modified January 27, 2016, https://iancommunity.org/ssc/recovery-numbers-how-often-do-children-lose-autism-diagnosi.

> **关于性别代词的使用和保密性的说明**
>
> 男孩的确诊率是女孩的四倍①。基于这一点，我将在这本书中使用"他"和"他的"来指代孤独症孩子们。同样地，因为孤独症孩子的主要照顾者、老师和治疗师们大部分都是女性，我将使用"她"和"她的"来指代这一群体。这样做仅仅是为了简化写作流程，绝无忽视谱系女孩们的需求或者否定男性照顾者贡献的意思。
>
> 我也会假定正在阅读这本书的你是一位幼龄或者学龄前（1~5岁）儿童的母亲，你的孩子被诊断为孤独症或者出现了一些孤独症的症状。而这本书对于早期干预和其他领域的专业人士们同样具有参考性，无论你的个案是缺乏会话技能（已经具备五岁以下的语言能力），还是有问题行为，或者是在睡眠、进食、如厕等方面存在挑战，书里的内容都能对你有所帮助。这些策略同样适用于正常发育的婴儿、幼儿和学龄前儿童。所以，如果你认识，或者正在干预着，或者深爱着一位1~5岁的儿童（生理年龄和/或发育年龄），无论他是否存在发育迟缓，你在这本书里学到的策略都会帮助你做得更好。
>
> 还有一点说明：书中出现的部分家庭和孩子希望能保护个人隐私，因此以化名出现。

三大危险的迷思

在孤独症领域，有三大危险的迷思，阻碍着家长们为孩子争取必要的干预资源。

---

① 原注：M. J. Maenner et al., "Prevalence of Autism Spectrum Disorder Among Children Aged 8 Years-Autism and Developmental Disabilities Monitoring Network, 11 Sites, United States, 2014," *MMWR Surveillance Summaries* 69, no. SS-4（March 2020）：1-12. https://doi.org/10.15585/mmwr.ss6706a1.

迷思一：你孩子的未来不是你能掌控的，过上"正常的"生活基本无望。你能做的事情只有等待。

事实是，如果你现在开始干预，你的孩子可以取得显著的改善，甚至有可能规避孤独症和/或智力障碍的诊断。这么多年我学到的一件事情就是，世界上没有所谓"正常的"的孩子，每一个个体都有着独一无二的优势，也都面临着特有的挑战。

迷思二：你需要一个完整的专业团队、一纸正式的诊断书和一份生效的保险来开始你的干预。

你不需要等待其中的任何一样。你可以且也应该从今天就开始你的干预，就在你的家里，利用手边现成的材料。如果想要帮助你的孩子，一份诊断书或者专业人士的协助不是必需的。你需要做的就是评估孩子的需求。我在这本书里也会提供一些简易的工具来供你评估使用。我的 TAA 方法可以供任何人在任何地点使用，没有专业经验或者教育学历的要求。这些策略之所以有用是因为他们都是基于应用行为分析（ABA）和斯金纳的语言行为分析的原理，这两大体系都有着几十年的实验研究基础。更棒的是，TAA 方法是儿童友好型的，是有趣的，且易于执行。

迷思三：每天没有足够的时间来帮助孩子改变。

每天只需 15 分钟的简单练习，你就可以改变孩子的人生轨迹。教授孩子技能，帮助孩子赶上发育落后的部分，你不需要直接从 20 小时每周、40 小时每周的密集干预开始（至少不是刚开始就需要这样做）。

"扭转孤独症的局面"

研究结果显示，有一些孩子可以减轻孤独症的症状，甚至有一些最严重的孤独症症状（伴随着认知和行为障碍）也能够得到改善。我本人见过很多类似的案例。我认识的一些家长告诉我，他们通过 TAA 方法"逃过了一劫"，帮助减轻了孩子的言语延迟、减少了问题行为，在很多情况下还减轻了孩子孤独症的严重程度。

在我作为博士级行为分析师（BCBA-D）的生涯里，我一次又一次地见证了 TAA 方法的有效性。我干预过一些有着严重情绪问题、完全失控的孩子，他们中的有一些被确诊为孤独症，有的没有。他们根本没有办法跟家人一起出门，没有办法进行正常的社会活动。有些孩子甚至被早教中心或者幼儿园劝退。但是使用了本书中的策略之后，在数周、数天之内，这些孩子开始说话，用手指指物，对自己的名字也有了反应。甚至有些在传统的干预治疗中长时间进步甚微的孩子，也开始有了改善。

抛开我行为分析师的专业身份，在我仅仅作为一位母亲的时候，我认识很多大龄的正常发育的孩子及其家庭，而这些孩子在年幼时被很多专业人士认定为患有孤独症。当然，没有任何一个人拥有可以预测未来的魔法水晶球，包括我自己。但每个人都是可以学习和改变的。这件事情没有终点线，孤独症的诊断和干预是一项复杂工程。

有些人说，他们不认为孤独症需要治愈，他们将孤独症视为一种天赋。这一观点的拥护者们（他们往往是高功能的孤独症人士，具备完全沟通能力的成年人）指出，我们不应该试图改变孩子们或者试图让他们"融入"我们的世界。但是我的方法并不是试图改变孩子的个性或者磨平孩子的特点。正相反，这套方法是通过赋能家长，让家长能帮助孩子更好地沟通、更好地休息、食用更健康的食物、更容易进行如厕训练，从而让孩子变得情绪更稳定、更快乐。我希望所有的孩子，无论有没有孤独症的诊断，都能够发掘出自身最大的潜能，都能平安、快乐、独立。

我提供的信息是基于应用行为分析（ABA）领域几十年来关于孤独症儿童康复的研究成果，以及我过去二十多年来与几千名孤独症及相关障碍的儿童工作的经验。但是，我的方法和传统的 ABA 项目之间存在着一些显著差异。

TAA 的方法完全是儿童友好型的和正向积极的，全方位地关注儿童及其家庭成员，来提高每一位成员的生活质量。我不推荐使用惩罚或者强迫的方法来让孩子做任何事情。我也不鼓励使用让孩子"哭个够"的方法。我整合了我学到的所有方法，包括 ABA 和行为心理学家斯金纳的语言行为分析，还有我作为一名护士、一名行为分析师和一名母亲的经验。我设计出了一套简单易行的操作方法，让父母能从孩子的角度，以"船长"的身份亲历孩子的"旅程"。

让我来告诉你一些孩子的故事，他们之中有些进步很大，能力得到了整体提升。我的客户费丝两岁时一天要躺在地上尖叫十次,在三岁时已经没有了任何问题行为,可以在日托班里独立学习。我另一个客户,安德鲁,在一年时间里从完全没有语言发展到可以用短语进行沟通。

甚至于有一些我从未见过的孩子也取得了巨大的进步。帕克的父母过去很担心孩子不能说话的问题,但是在网上学习了我的TAA方法且执行了其中的策略之后,数周的时间内,他们观察到帕克开始自主说话了。

一位名叫奇诺的小男孩是我印象尤为深刻的客户之一。当我第一次见到他时,他才20个月大。在我直接干预过的几百个孩子里,他最像我的儿子卢卡斯。在卢卡斯21个月大的时候,我丈夫最先怀疑他可能患有孤独症。但那时候我完全不知道早期密集行为干预的作用,所以卢卡斯没有尽早地得到他需要得到的帮助。奇诺不一样,他在两岁以前就开始得到了我的帮助,能力得到了很大的改善。

在我认识奇诺妈妈时,她有三个孩子,都还不到三岁。她几近崩溃,非常忧心奇诺的发育迟缓问题,也不知道自己应该做什么。当她寻求早期干预的资源时,我作为治疗师被指派去她家做入户干预。

当我见到奇诺的时候,除了本书第四章里面你即将学到的那些评估之外,我还进行了一项标准化测试:《幼儿孤独症筛查工具》(STAT)。这个交互式的筛查工具由温迪·斯通教授(Wendy Stone)研发,它包括了一组12个活动。这套活动可以测试孩子的社交沟通技能和孤独症风险程度。这个工具也可以用来筛选适合孩子的目标及活动,从而提高孩子的相关技能。

STAT的其中一项是测试幼儿玩玩具的兴趣和能力。当被给到一个娃娃以及娃娃床、椅子、奶瓶和水杯时,一个常规发育的两岁孩子会抱起娃娃、跟娃娃说话、假装喂它、哄它睡觉、贴贴它的脸等,会做所有那些成年人跟自己的宝宝会做的事情。但是当我在评估中给到奇诺娃娃时,他立即将娃娃扔在一边。奇诺完全没有看向娃娃。在30分钟的评估里,他没有说话,没有玩玩具,也不跟我互动,对我给到的所有材料都不感兴趣。奇诺就这样沉浸在他自己的小小世界里。他已经非常明显地展现出了孤独症的症状,并且需要立即的帮助。

六个月之后,奇诺收到了正式的中重度孤独症的诊断书。很快,他的家庭获得了保险的报销资金，可以涵盖每周 20 小时的 ABA 干预课程。我得以继续我的服务，对奇诺的 ABA 干预方案进行跟踪和监督，同时进行评估方法的教学、行为的干预和社交技能的开发。在差不多整整一年的时候，在使用本书的工具及策略干预了很多个小时之后，我再一次跟奇诺进行了 STAT 里面那个娃娃的测试。他在第一次测试之后就再也没有见过这个娃娃和其他测试材料。这一次，当我把婴儿娃娃递给他时，他马上把娃娃放在小床上，并且对它说"晚安"。接下来奇诺亲吻了娃娃，将它叫醒，并且说道："起床啦。"奇诺的妈妈在旁边看到这一幕，如释重负，擦着欣喜的眼泪。在二年级时，奇诺已经具备了完全的语言能力，能进行双语交流，在一所主流的学校里上学。（想要获得免费资源或者观看奇诺的视频，请访问网址 TurnAutismAround.com。）

我是怎么进入孤独症领域的

尽管我儿子卢卡斯在 20 个月大时的症状跟奇诺很像，但他的发展历程却是完全不一样的。1990 年代，在卢卡斯还是个婴儿的时候，他对我很热情，也很黏我，只是他的语言比较有限，对字母有着奇怪的迷恋。当卢卡斯过完他一岁的生日就开始慢慢退步，并且开始显露出孤独症的症状，那时我正怀着我们的二儿子，斯宾塞。渐渐地，卢卡斯不再挥手，不再跟人打招呼，不再跟着歌曲做动作，变得越来越挑食，越来越沉迷于奶嘴和电视。作为新手妈妈，那时我以为卢卡斯只是经历着正常的发育阶段而已。我并未察觉到他已经开始出现异常或者退化了。

在卢卡斯 18 个月大的时候，他对于弟弟的即将到来毫无感知。在斯宾塞出生以后，我丈夫查尔斯，一位急诊科医师，开始暗暗觉得不对劲，因为儿子完全没有意识到家里多了一个宝宝。我那时还不觉得卢卡斯对于弟弟的无意识是个问题。回看那个时候，就算我们把斯宾塞换成一个塑料的婴儿玩偶，卢卡斯也不会发现。

几个月之后，当卢卡斯 21 个月大时，查尔斯投下了这枚炸弹，说出了那个 A 开头的单词。"你觉得卢卡斯有孤独症吗？"他问我。

我既震惊又恐惧，因为我从来没有想过卢卡斯会有什么问题。我看着查尔斯，说道："我永远都不想再听见孤独症这个词。"

我那时候不了解孤独症，尤其对于孤独症在幼儿时期会有什么表现毫无概念。我并不知道有具体的治疗方法可以使用，也不知道我可以做什么来改善情况，所以我立即进入了戒备状态。这个死刑一般的诊断没道理会出现在我的孩子身上，我这样想。

在接下来一年多的时间里，查尔斯遵从着我的意愿，没有再提起这件事。但是那个 A 开头的单词深深地刻在了我的脑海里。当卢卡斯失去语言或者能力退化的时候，我想到了孤独症。当卢卡斯在两岁时还不能用短语表达，而他已经开始上学前班，同时进行着言语治疗的时候，我想到了孤独症。我感到非常绝望，因为儿子落后得越来越多。

我祈祷着卢卡斯是任何其他的障碍都行，只要不是孤独症。就这样担心了一年多之后，我终于查阅了一些资料，然后发现了"高读症（Hyperlexia）"的相关研究。这是一种在你可以说话之前就能阅读文字的能力。在那个研究里面，我认识了一位母亲，她儿子同时患有孤独症和高读症。她建议我给卢卡斯找一找 ABA 干预的资源，尽管我认为卢卡斯只是语言发育落后。"如果他们连重度孤独症孩子的状况都能改善，"她这么说，"那解决你儿子语言发育落后的问题肯定不在话下。"

这位母亲还向我推荐了凯瑟琳·莫里斯在 1993 年出版的书，《让我听见你的声音》(Let me hear your voice)[①]。当我开始阅读这本书的时候，我从孤独症的角度重新认识了我儿子。"我的天哪，"我想，"一年多以来，我一直在逃避现实，什么都没做。"我之前不觉得患孤独症的孩子有任何希望或者任何可能性，但这本书列出了 ABA 干预的影响，它告诉我有接近一半的孩子能够通过密集的行为干预达到跟普通孩子"无异"的程度。因此，我做出了彻底的改变。

我给卢卡斯在费城的儿童医院预约了一次专业评估，等待期三个月。他在三岁生日的前一天被正式确诊。

尽管我们算是有些思想准备，但这个答案对于我们的打击仍然是毁灭性的。而且我和查尔斯以为只是轻度的孤独症，但是当儿科医生过来告知我们中重度孤独症的诊断时，我感受到了前所未有的恐惧。

[①] 编注：《让我听见你的声音》中文译本于 2017 年由华夏出版社出版。

我询问通过 ABA 干预康复的可能性，但是医生表示不太乐观。他说在他这么多年的从业生涯中，从未见过像卢卡斯这种发育落后程度的孩子能彻底康复。虽然他没有直说，但我意识到了，一直拖延着没有给卢卡斯寻求诊断和干预的资源，这绝对是个巨大的错误。

从医院回来的路上，卢卡斯全程都是沉默的。他被系上安全带坐在他的儿童安全座椅里面，凝视着窗外。没有说话，没有咿咿呀呀，只有沉默。

在我丈夫一项项列举卢卡斯将来永远不会做的事情时，我哭了——不会上大学，不会结婚，不会……

"不要再说了。"我恳求着他。

尽管沉浸在悲伤中，我还是坚信着儿子一定有希望康复。这个希望是我一直在寻找的东西，所以我不会放弃它。我打算用我最大的努力来帮助卢卡斯尽力赶上。我因为自己的逃避而愧疚不已。我在小标题里面有提到我"陷入"了孤独症的世界，是因为我感觉我和卢卡斯一起坠入了一个深邃的黑洞。我必须想办法爬出这个黑洞，必须帮助我的儿子，因为我很清楚这是他改变人生的希望。

我并不知道应该如何开始，但是我全身心地投入了进去。我给儿子寻找治疗师。当我发现治疗师资源并不充足的时候，我自己学习成为一名行为分析师。这样我能够更多地帮助到卢卡斯，最终也能帮助其他人。

从 2003 年开始算起，我直接干预过数百名孩子，培训过全世界数千名家长和专业人士，我还给儿科医生和医护工作者们普及过孤独症的早期表现。我发起了好几个组织来提高公众对于孤独症的意识，特别宣传了早期诊断和早期干预的重要性。我将我所学到的内容写进了《语言行为方法：如何教育孤独症和相关障碍儿童》(*The Verbal Behavior Approach：How to Teach Children with Autism and Related Disorders*)[①] 这本书里。十多年以来，这本书已经被翻译成超过 12 种语言，被父母、祖父母、治疗师和教育从业者们广泛使用。

在那本书里，我并没有提及太多关于辨别孤独症的早期信号、终止障碍的发展、减轻症状或者康复的相关事情。在我开始在干预中遇到越来越多的

[①] 编注：《语言行为方法：如何教育孤独症和相关障碍儿童》一书中文版于 2021 年由华夏出版社出版。

小龄孩子时，我看到了许多孩子们通过接受早期干预实现了飞速的进步。而他们的状况跟卢卡斯在 21 个月刚确诊时的状况是类似的。这种情况尤其常见于那些 1 至 5 岁的、有一位全身心积极投入的父母陪伴在身边的孩子。这些父母在孩子刚刚显露出发育落后或者出现预警信号时就立即采取了行动。

通过我的努力，人们看见，在我的 TAA 方法框架下的早期密集行为干预也可以帮助语言发育迟缓的孩子更快地赶上来。孩子们越早接受干预，就能越早地赶上同龄人的发育水平。而这些不能完全恢复到同龄人水平的孤独症孩子，也能取得长足的进步。等待只会让孩子落后得越来越多。

那卢卡斯的状况怎么样呢？他在开始密集的 ABA 干预之后就有了很大的进步，然后也过渡到了语言行为的干预上面。但是他的干预被我的拒绝接受和接下来的诊断排期耽误了太久，他开始接受干预时距离我丈夫第一次提出孤独症的可能性已经过去了两年之久。所以他虽然在稳定进步……但是进步也是缓慢的。

当然，我也无法确定，更早一些的干预是否可以让卢卡斯跟一般孩子无异，或者是否可以让他改善到跟奇诺一样的程度。但可以确定的是，如果我没有浪费一年多的时间在拒绝和否认上面的话，他一定能走得更远。

我相信更早的干预会让卢卡斯如今的生活更加便捷。作为一名中重度孤独症和轻度智力障碍的患者，卢卡斯需要很多的指导和照顾。但是他可以表达他的需求、可以自己洗澡、自己做早饭、自己系鞋带、能回答问题、唱歌，等等——这些都是他得到了恰当干预的结果。卢卡斯已经成年了，现阶段我对于他的期望就是他能保持情绪的稳定，能最大程度地做到安全、独立和快乐。这也是我对于同样作为成年人的小儿子——斯宾塞——的期望；也是我对于所有孤独症和非孤独症孩子的期望。

这也是为什么我呼吁家长们要行动起来，不要等待。我希望家长们都充满希望，不要像鸵鸟一样把头埋在沙子里。幻想着孩子的问题能自己迎刃而解，这并不会减轻他孤独症的症状，同样地，这对于你的孩子也是毫无帮助的。

尽管如此，请记住"扭转孤独症的局面"的含义对于每个孩子来说都是不一样的。干预的结果不会是非黑即白，进步的情况因人而异，没有绝对标准。所以我无法保证，你的孩子一定能避免孤独症的诊断或者你孩子的语言发育落后一定能反转。你孩子的情况也许和卢卡斯类似——已经被确诊为中重度孤独症和轻度智力障碍，需要终身的照顾。又或许你孩子的情况是可以彻底赶上而不会被诊断为孤独症。最终的诊断可能是语言发育落后、学习障碍、多动症或者孤独症，而且诊断可能会随着时间的推移而改变。你的孩子也许只是过于敏感和易怒。但不管诊断是什么，不管有没有诊断，从现在开始全力以赴只会让你和孩子的生活变得更好。本书中儿童友好型的 TAA 方法适用于任何程度、任何年龄段的孩子。赶在问题行为出现之前采取行动，跟上语言和社交技能的发育阶段，远比诊断重要得多。

A 开头的单词

有一件你必须克服的事情，就是正视这个 A 开头的单词（Autism 孤独症）。那位建议卢卡斯哪怕只是语言发育迟缓也可以试一下 ABA 的妈妈，给了我正视孤独症的勇气。

社交沟通障碍、感觉处理障碍、严重情绪问题或者在睡眠、进食、如厕、参加社会活动等方面有困难，看护人员和专业人士在帮助这些孩子们的时候，这本书里面列出来的策略都是有用的。

所以如果你拿起了这本书，但是却不想使用或者不想见到"孤独症"这个词，我完全理解。

但是请一定要继续读下去。

兄弟姐妹、双胞胎以及医疗需求

你会翻开这本书可能是因为你已经有一个孩子被确诊为孤独症，而你非常担心他们的弟弟妹妹们也会出现发育落后或者孤独症症状。研究数据显示，孤独症孩子的兄弟姐妹们同患孤独症的概率为 16% 至 36%[1]。这意味着在每 5

---

[1] 原注：N. M. McDonald et al., "Developmental Trajectories of Infants with Mulitiplex Family Risk for Autism: A Baby Siblings Research Consortium Study", *JAMA Neurology* 77, no. 1 (January 2020): 73–81. https://doi.org/10.1001/jamaneurol.2019.3341.

个孤独症孩子的兄弟姐妹里面就会有 1 个也患有孤独症。而没有达到孤独症诊断标准的同胞们，同样也面临着其他发育性障碍的高风险。尽管如此，发育迟缓可能在同胞间的表现很不一样。所以如果家里已经有一个孩子被确诊为孤独症，通常也需要密切关注其他年幼的兄弟姐妹们是否也有早期干预的需求——尽管其他孩子们的行为表现可能会完全不一样。有时候，家里年幼的孩子先被确诊，然后家人才发现年长的孩子也有同样的障碍，只是程度轻一些。

一些大的机构和医院都有在进行关于同胞兄弟姐妹的孤独症情况的研究与调查。如果你住在这些机构附近，又希望专业人士能帮你密切跟踪宝宝的孤独症表现情况，你可以免费注册参加这些新生儿或者幼儿同胞的研究项目。这样做的一大好处就是，研究者们可以每几个月给宝宝做一次详尽的能力评估，来筛查发育落后的情况。这样你就可以在宝宝刚刚出现落后时立即开始干预。

我遇到的很多家庭里面不止一个孩子被诊断为孤独症。有一个家庭有三个孩子都被确诊了，而三个孩子的症状和表现完全不一样。中间的那个孩子，杰里米，有着最迫切的干预需求。当我对他开始干预的时候，他四岁，IQ 低于 70，被正式诊断为智力障碍加孤独症谱系障碍。在使用我的方法干预一年之后，杰里米的 IQ 提高了 30 分，并且不再被诊断为智力障碍。在同一年，杰里米发展出了完全的语言能力。现在杰里米在一所普通高中就读，交到了朋友，是一位明星运动员，并且在准备申请大学。他的两个兄弟姐妹也都发展得很好，孤独症已经不再是他们的主要诊断。

那双胞胎的情况如何呢？他们同时患孤独症的概率也会更高吗？双胞胎相关的研究显示，基因的影响力是很强的，但是即使是基因完全一样的双胞胎，他们同时患孤独症的概率也不是 100%。这说明环境的影响因素也很重要。

还有一点很重要：我儿子还有我之前的大部分被诊断为孤独症的客户都存在健康问题，而且这些健康问题可能跟孤独症有关，也可能会让情况变得更加复杂。这些健康问题可能包括肠胃疾病（便秘、腹泻、胃酸逆流）、过敏、哮喘、湿疹、癫痫、自身免疫性疾病等，这仅是其中几例。尽管我是一名护士，而且嫁给了一位医生，但这些疾病的诊断和治疗并不是我的专长，所以在本书中不会涉及这部分内容。但是我想要说的是：你的孩子需要一名保健医生，而这位医生不会低估你孩子的医疗问题，也不会把类似于腹泻的问题归因于孤独症或者多动症。如果你孩子的儿科医生没办法帮你解决孩子的医疗问题，你可能需要另外找专科医生或者其他能解决问题的专业人士来指导你解决孩子的医疗问题，因为这些问题可能加剧孩子的发育迟缓程度。

时间是至关重要的

现在孩子都需要排队等待诊断和干预资源。孩子得到诊断和开始干预的平均年龄达到了 4~5 岁。这跟可以开始使用 TAA 方法的时间相比，晚了至少三年。这三年的时间你可以用来使用 TAA 的方法有效地干预孩子的问题行为、教授他语言和游戏技能。

这真的是一个国际化的难题。

这些孩子们需要我们的帮助。部分地或者全面地改善孤独症造成的不利情况，有一个比较短的关键期，而这个关键期会很快消失。没有时间犹豫，没有时间浪费在"本来可以，应该可以，也许可以"或者"责怪自己为什么没有早点行动"这些事情上面。

所以，请不要等待。

尽管没有人知道每一位孩子最终的结果是什么样子的，但有一件事情我可以保证，这本书里的建议都是我会提供给最好的朋友们的那些建议。

在接下来的内容里，我会给大家详细说明 TAA 的方法。你可以获得解决有关进食、睡眠、如厕训练、说话、模仿、游戏、安全以及减少问题行为的一些方法。在本书中你会"结识"一些父母，他们的孩子有的获得了明显进步，有的我们可以很自信地说经过干预最终未被诊断为孤独症。你会学习到如何快速评估孩子的技能，如何生成一个方案、开始每天 15 分钟的教学，如何找到合适的专业人士、为孩子争取更多。

所以无论你的孩子几岁，处在什么样的发展阶段，这本书都适合你。我希望能帮助你成为孩子最棒的老师和孩子生活的守护者。我想尽全力为父母们创造一个公平的竞争环境,给全世界的父母们一个清晰的方向,能尽早察觉到孤独症及其他障碍的出现,尽快开始行动。

也许你才刚刚开始攀登这座高山,也许你已经行至半山腰;也许你快要接近终点,也许你正沿着悬崖峭壁走在漫长的征程中。但无论你在哪个阶段,我都会帮助你厘清方向。

20年前的我攀登着同一座山,当时的我作为一名母亲,因为儿子的诊断而惊恐万分。那时的我没有地图,所以我必须自己摸索着制作一份。而这本书就是我做的地图。

如果你的孩子有问题行为,有语言发育迟缓,有睡眠障碍,或者任何其他让你担心的问题,请从现在开始帮助他。让我们一起将恐惧变成希望,改变现状,追求进步。我们一起努力来让自己变成充满勇气、主动积极的父母,及时觉察出孤独症的早期信号,尽早干预,从而改变孩子的人生轨迹。

第二章

孤独症？多动症？
抑或"只是"语言发育迟缓？

当你的孩子落后于同龄人时，你自然而然就会产生疑惑。孩子是发育迟缓？还是仅仅是"可怕的两岁"开始得早了一些，或者结束得晚了一些？孩子难道是孤独症？这些问题过段时间会"不治而愈"吗？

除了所谓的"普通"孩子的参考标准之外，还会有其他很多因素导致一个孩子在一个或多个领域存在着发育迟缓。有些孩子是早产儿，所以他们天生就会有一些发育上的落后。有些孩子有好几个兄弟姐妹，他们可能是好的榜样也可能做出不好的示范；有的孩子是独生子，没有兄弟姐妹。另外，男孩开口说话的时间整体会比女孩的晚一些。

孤独症的孩子常常有情绪问题，但是普通儿童也会有。每一个孩子都有自己的性格和脾气。我还记得我常常说，如果我的小儿子斯宾塞也有孤独症的话，我们一定会忙得不可开交，因为小儿子更加敏感，比卢卡斯需要更多精力来照顾。而卢卡斯从小就是比较悠闲、随性的性格。

许多有语言或其他发育迟缓的孩子后来都赶上了常规发育水平，有的是自然发育的结果，有的是经过了一些早期干预的治疗。而那些有着高智商、没有任何发育迟缓的孩子们，在感官和社交方面的表现也不尽相同。与此同时，孤独症和多动症的一些症状在幼童时期的表现几乎是一模一样的。这些表现包括注意力不集中、兴趣狭隘、多动、易冲动，以及不愿意等待、分享或轮流。

我了解到，孤独症、多动症、语言发育迟缓和精神障碍的早期症状之间有很多一致的部分。让情况更为混乱的是，还存在着能力退化的情况，就像我在第一章里面拿卢卡斯举例时提到的那些。也许你的孩子本来会跟别人招手，但突然之间他不再跟别人打招呼了，几乎再也没有挥过手，就可能是他的语言能力出现了退化。根据孤独症和发育障碍监测网络（The Autism and Developmental Disabilities Monitoring Network）的数据，至少有20%的孤独症孩子在发育过程中的某个时间节点经历过技能的退化。一项小型研究表明，在被确诊为孤独症的孩子当中有86%在六个月至三岁之间出现了社交技能的衰退[1]。

所以到底应该怎么区分辨别你的孩子的表现是孤独症、多动症、"单纯的"语言落后，还是只是普通幼儿会有的情绪问题？你要怎么确定你需要采取行动？

这一章的内容会包含一份需要留意的行为/症状的清单。我知道看到这样的一份清单会让人不安，特别是当你意识到自己的孩子符合其中的某些描述时。但这份清单并不是决定性的，也不是诊断。当你阅读这本书时，意味着你已经做好准备要抓紧行动、为你的孩子努力争取了。

无论孩子面临着什么问题，你距离发现孩子的需求仅一步之遥。所以请记住：针对每一个在接下来的清单中出现的行为/症状，你都会在后面的内容里学到干预和应对策略，来帮助孩子改变，或者使症状得到彻底的缓解。

我之前有一名客户，名叫马克斯。他们家之前住在靠近新泽西海滩的地方。在马克斯15个月大时，有一天，他突然反常地崩溃，怎么都不愿意碰沙子。当马克斯接近两岁时，他还不会说话、没有眼神接触，而且每天要情绪爆发很多次，这些表现让父母警觉起来。在一年的等待和担忧之后，他妈妈给他预约了一次评估，但医生完全没办法进行测试，因为马克斯持续尖叫了一个半小时。

一个月后，这家人搬到了宾夕法尼亚州，于是我成为了马克斯早期干预的治疗师。在我第一次见马克斯时，他只能说一个单词：比萨。他用这一个词表达所有的意思，尽管妈妈说他其实并不喜欢比萨。他在一个小时里会索要奶瓶十次，只要妈妈拒绝，马克斯就会打她。在搬家后不久，马克斯没有通过STAT的孤独症筛查测试。为此，他的儿科医生认为他一定会被临床诊断

---

[1] 原注：S. Deweerdt, "Regression Marks One in Five Autism Cases, Large Study Finds," Spectrum News, last modified August 17, 2016, https://www.spectrumnews.org/news/regression-marks-one-five-autism-cases-large-study-finds/.

为孤独症。

在马克斯两岁半大时，没有通过 STAT 测试，之后我对他开始了为期四个多月的干预。在这期间，我每周给马克斯上三个小时的课，同时用我创造的方法来培训他妈妈。这段干预带来了深远的影响，马克斯也有了显著的转变。他开始用手指物，开始说话，而且发脾气的次数也减少了。最后，他并没有被诊断为孤独症。在五岁时，他已经赶上了同龄人的发育水平，在所有方面都变成了一个普通儿童。他顺利地进入了幼儿园，不再需要任何其他的辅助。他父母如释重负，非常开心。

"如果马克斯在两岁时没有得到玛丽的帮助，"他妈妈说，"我几乎确定他会被诊断为孤独症，而我们的生活也会完全不一样。"

当然，就像我在第一章里面提到的，我无法保证每个孩子都能达到马克斯的发展程度。但是我很肯定，用了 TAA 的方法，孩子们可以，也一定会获得极大的进步。

什么是孤独症谱系障碍（ASD）？

孤独症谱系障碍是一种发展性障碍，其症状通常会在三岁以前有所表现，尽管正式的临床诊断时间可能会晚很多。当孩子或者成年人被确诊时，专业人士通常会询问被确诊人在年幼时是否表现出语言发育迟缓或者兴趣狭隘。

在卢卡斯被确诊时，《精神障碍诊断与统计手册》第四版（DSM-4）还在使用。在那个时候，广泛性发育障碍（PDD-NOS）、阿斯伯格综合征（AS）和孤独症是分开的，它们都归类于孤独症谱系障碍的范畴。现在在新的第五版手册里面，所有这些障碍都被统一诊断为孤独症谱系障碍（ASD）。如果你的孩子之前被诊断为阿斯伯格综合征（AS）或者广泛性发育障碍（PDD-NOS），没有人会禁止你继续使用这些名词描述，只是这些障碍不会再被单列出来，它们不再是单独的诊断类别了。

2013 年发布的第五版《精神障碍诊断与统计手册》（DSM-5）将孤独症划为了三种不同的级别。1 级孤独症的人群仅仅需要少量的支持，2 级的需要多一些辅助，而 3 级则对应重度孤独症，这部分人需要大量的支持。这些等级的划分是非常主观的，而且具体个案的等级肯定会随着时间的推移而改变。如果你的孩子刚开始是 3 级，在接受了合适的干预之后，他可能会变成 1 级。这种情况我见过很多次，特别是那些在年幼时被诊断为重度和/或轻度的孩子们。孩子们的情况也可能随着时间推移而变糟，特别是当发育迟缓没有被及时地发现和干预时。你会发现，孤独症绝对是一种涵盖范围很广的谱系障碍。

在孤独症界有许多关于低功能和高功能的讨论。许多父母想知道，是否有办法预测两岁的孩子长大之后的状况，我的答案是没有办法。尽管如此，就像我在第一章里面提到的，一个年幼的、症状比较轻的孩子有更大概率不会被确诊孤独症，或者更有可能通过干预把落后的部分赶上去。我自己就认识很多在刚开始能力非常有限的低功能孩子，但是干预后的程度很好。例如在我之前的客户中，有些已经开始学习开车了，有些准备去上大学了。

尽管我们无法预测一个孩子未来会怎么样，但是我们尽早开始介入，尽全力给孩子最大的机会，让他们发挥自己最大的潜力。

需要注意的信号

以下的行为或者症状都是孤独症的预警信号，但是还是那句话，请不要直接下定论，也不用恐慌。如果你的孩子出现了其中任何的表现，我强烈建议你参考后面的建议立即采取行动。

即使你的孩子已经被确诊为孤独症，了解这些信号也有助于你针对每一个症状来具体评估孩子的情况。这些信息可以帮助你设立目标，边阅读边梳理可以教学的内容，也可以帮助你选择最合适的专业资源来支持孩子。

- **指向**。虽然我自己有护理背景，但是在卢卡斯年幼的时候，我并不清楚用手指向的重要性。在他被确诊之后，我很快知道了，缺乏指向这个行为是孤独症的一个很关键的预警信号。当我在评估一个 18 个月或者两岁孩子的表达时，我首先会想要知道：这个孩子会用手指向吗？

而回应你的指向动作对于孩子来说也是非常重要的。例如，你指着房间另一边的一个毛绒动物玩偶或者电视，说："约翰尼，快看！"孩子的注意力会跟随你指向的那个大概方向吗？当一个孩子过了 15 个月或者 18 个月，或者肯定一点说，到 2 岁时，他应该在日常生活中有频繁的使用食指来指向的行为。这个年龄的孩子应该可以用指向来表达自己想要的物品，例如果汁或者玩具，也可以用指向来提示想要给你看的东西，例如头顶飞过的飞机。

孩子也有可能会停止指向，就像卢卡斯在 15 个月时一样。在那之后，卢卡斯会经常抓起大人的手放在他想要的物品上面。这种行为也叫作"拉（他人的）手"，这是在缺乏指向和缺乏回应他人的指向之外的，另一个孤独症的预警信号。

然而需要记住的是，有些孤独症孩子在 18 个月时也会有手指的行为，所以，虽然这是个重要的预警信号，但却不足以成为唯一的诊断标准。我曾经认识一位言语治疗师，她儿子 3 岁时被诊断为重度孤独症。在儿子 1 岁时她就觉察到的第一个信号是，儿子对玩具没有兴趣。很快，她又留意到了儿子在言语方面的发育迟缓。当她在一次儿科健康检查中表达她的担忧时，医生告诉她："如果他可以用手指向，他就不是孤独症。"很明显，那位医生的判断是错的。但是如果你的孩子在 18 个月大或者 2 岁的时候还不能用手指向，那么教授他这项关键技能尤为重要。在教授时你可以使用接下来你将学习到的方法。

- **言语语言发育迟缓**。在开口说话之前，婴幼儿也会有微笑、咿呀学语、冲着大人喔喔啊啊的行为。这是社会性语言开始的标志。咿呀学语、冲人微笑和看向他人的脸等这些行为过少，可能是婴幼儿的孤独症早期预警信号。小龄的孩子也应该具备理解他人语言的能力。

在卢卡斯两岁的时候，我请了一位摄影师来家里拍全家福。摄影师将没用的垃圾递给卢卡斯，说："嗨小伙子，帮我把这个丢掉吧。"但是卢卡斯完全不理解他在说什么。摄影师感到非常困惑，很显然，他认为以我儿子的年纪已经能够理解这句话了。

在那个时候，我完全忽略了这点，因为我不知道在 2 岁这个年纪，他到底应不应该理解这样的语言。后来我发现卢卡斯不能跟随他人指令的问题跟他的理解性语言的发展有关。理解性语言就是当别人跟他说话时，他能明白别人的意思。理解性语言的落后跟表达性语言的落后不一样，后者跟讲话有关。如果你的孩子理解他人的话很困难，那么要尤其留意他是否在表达性语言方面也有落后或者语言表达有问题，这很重要。同时存在理解性和表达性语言的落后，这种情况在孤独症幼儿的群体中很常见。

有些孩子有语言，但是他们的语言可能不太一样或者不具备功能性。也许你的孩子可以数到10，可以辨认英文字母，但是在日常生活里面他又不能将数字或字母进行泛化和应用。也许他不能开口叫你"妈妈"，或者他会不断地重复电影中的台词或者你说过的话。在兰登3岁的时候，他妈妈妮科尔开始使用我的方法。兰登说的话都是在复述他从电影里面背下来的短句，所以他的大部分语言都是重复刻板的。兰登的语言和游戏技能都远没有达到他的年龄应有的水平。后来他妈妈妮科尔用我的方法成功地改善了儿子在语言欠缺和落后方面的问题。

言语发育落后还有一些更简单的诱因，例如奶嘴的过度使用。两岁的埃米话语很少，因为她非常依赖奶嘴，常常含在嘴里。在她妈妈学习了戒断奶嘴的方法之后，埃米的言语落后问题得到了解决。

有些人将孩子言语落后的问题归咎于哥哥姐姐们替弟弟妹妹说话，或者成年人在孩子快哭的时候不等他说话赶紧把东西递过去。诚然，这些都有可能是影响因素。通过继续阅读本书，你会学到更多关于如何评估你的孩子是否有言语和语言落后问题，而针对这种情况你可以做什么。

- **暴躁易怒，过度地发脾气。**许多普通发育的儿童都会发脾气，但孤独症孩子会有过度发脾气的倾向。这主要是由于他们缺乏沟通技能。当一个孩子无法用恰当的沟通方式来向周围的大人表达他想要什么时，他自然会变得非常沮丧，开始发脾气。"发脾气"对于不同人来说可能具体表现不同，孤独症孩子通常会发牢骚、哭、尖叫、躺地，甚至变得具有攻击性。有些孩子还有可能扔东西、撕碎纸张或者在墙上乱写乱画，这些在 ABA 界被统称为"破坏财物"。有些孩子还有可能出现自伤行为（SIB），会打自己或者咬自己。如果你的孩子出现了任何严重的问题行为，例如严重的攻击行为、损坏财物或者自伤行为，而这些行为极其危险甚至会威胁到人身安全，你必须立即采取必要的医疗措施。即使你的孩子目前还没有出现任何严重的问题行为，学习如何教授孩子语言和社交的技巧仍然是非常重要的，在孩子年龄更大之前可以预防这些问题的发生。

- **对自己的名字没有反应。** 这是另外一个常见的孤独症预警信号。实际上，有些对名字没有反应的孩子刚开始被怀疑是耳聋，直到他们对其他声音作出反应。不论任何情况下的言语和语言落后，排除掉神经性耳聋这一因素非常重要。大部分具有孤独症特质的孩子通常沉浸在自己的世界里，表现为"选择性听见"。在卢卡斯 2 岁的时候，我很担心他有神经性耳聋，但是在听力测试的前几天，我将他最喜欢的电视剧的主题曲在房间小声播放，他听到后赶紧跑到房间里来看。通过继续阅读本书，你会学到如何让孩子回应自己名字，这一方法轻松而有趣（对已经确诊为孤独症的孩子同样适用）。

- **游戏行为。** 我同样将游戏行为视作潜在的预警信号。孩子会恰当地玩不同的玩具吗？或者他会非常关注某一件或者某一组物品，并且需要随时随地带着吗？他会反反复复地玩同样的玩具吗，例如好几分钟甚至好几个小时都在重复地把积木摞起来或者把小汽车排列成线？

　　另一个在 STAT 筛查量表里面的分测验是，递给孩子一瓶盖子被拧紧的泡泡水。大部分普通发育的儿童都会把泡泡水递回给你，同时咿咿呀呀地，边看着你边试图跟你沟通他需要帮忙打开盖子。一个孤独症孩子可能会把泡泡水递回给你，但是不会跟你有任何眼神接触，也不会主动咿咿呀呀地说话。他可能会一直盯着你的手，而完全不会看向你的脸。在游戏互动中缺乏眼神接触，这可能是婴幼儿的孤独症早期信号之一。

　　在三四岁的年纪，大部分孩子会跟他人分享玩具、玩游戏或者过家家。在他们玩耍的时候，会跟其他孩子进行来回的语言交流。假想游戏技能和对同伴的兴趣的发展在孤独症孩子身上常常会出现延迟。他们可能会长期停留在平行游戏的阶段，在平行游戏里面他们可以单独在其他孩子身边玩耍，但是不会跟其他孩子产生任何交集，他们常常还会在与人分享方面存在困难。

- **重复的行为。**孤独症孩子可能会在自己眼前晃动手掌、将物品排列成线，不停地转圈或者不停地旋转那些通常不是用来旋转的玩具。我的客户里面有一个小男孩，他会一直拿着小人偶，还会不停地收集更多；还有一个男孩儿，整天都在晃动身体左摇右摆，还会拿头去撞击各种软的和硬的表面。但是在有一些孩子身上，例如卢卡斯，刻板行为的表现不是特别明显。卢卡斯喜欢一遍又一遍地看同一个电视节目，但是在更早些时候，他并没有表现出让人担忧的其他刻板行为。

　　在第一章里面，我提到了"高读症"，也就是在开口说话之前就有认识字母和阅读的能力。在有些孩子身上，这表现为对字母和数字的极度痴迷，强迫性地将字母组合排列起来形成不同的单词，还会反复地唱字母歌。

　　有些语言能力更好的孩子可能会痴迷于火车、地图，反复地看同一个短视频，或者像上面提到的兰登那样，不断地重复电影台词。

- **刻板。**坚持刻板的行为可能是孤独症的一个指征，例如只想用同一个特定的碗吃饭、每天穿同一件T恤，或者总是要走同样的路线去游乐场。孤独症孩子通常不喜欢改变，当某些改变给他们带来压力的时候，他们会大发脾气。

- **感官问题。**存在感觉障碍的孩子和孤独症孩子对于感官类刺激会过度反应或者反应不足。例如：有些孩子厌恶强光，他们就会在视觉上过于敏感。他们可能会对感官刺激做出过度反应，当有很多人在周围或者环境比较嘈杂的时候，他们会捂住耳朵甚至大发脾气。我儿子卢卡斯就很容易被声音困扰，他经常戴着耳机来过滤掉那些过大的噪声。

　　然而有些孩子可能对语言和声音反应不足。例如像上文提到的，他们可能对自己的名字毫无反应。

　　有些孩子不能忍受肢体接触。他们无法忍受衣服洗标的摩擦感，而我们大部分人甚至都完全不会留意到洗标的存在。还有些孩子对于肢体接触的感觉很迟钝，需要更大的压力感知。他们经常用蹦跳，撞墙、将自己挤进沙发靠垫这些方式来寻求感官刺激。

孩子在就餐的时候也可能出现反应过度的问题。他们有可能对食物的样子、颜色、口味、口感、调味或者温度很敏感。例如不同品牌的芝士通心粉看起来不一样，也可能会让孩子产生抗拒。

- **运动技能落后和踮脚走路**。研究显示，孤独症儿童开始走路的时间平均比普通发育的儿童要晚一些，有些孤独症孩子在年幼时会有踮脚走路的行为。存在发育落后和障碍的孩子也会表现出精细运动技能的落后和运动规划的困难，这些问题会影响到许多自理技能，例如扣纽扣和使用餐具。我有一个客户，科迪（在本书的后面你会多次地看到他的名字），在一岁以前就开始接受物理治疗和作业治疗，他在18个月大的时候被确诊为孤独症。
- **模仿**。最后一点，对于简单动作的模仿在八个月左右开始出现，到两岁的时候，大多数孩子几乎可以模仿所有行为。这通常是语言和游戏技能发展的方式。在几乎所有我干预过的年幼孩子身上，都出现了模仿技能的落后。

如果你觉察到你的孩子符合以上任何一项描述，你接下来应该怎么办呢？最重要的是不要像我当年一样欺骗自己，假装什么事都没有——哪怕你的孩子看起来几乎与普通孩子无异，只在一到两个领域存在落后。像我一样，你也许从家人或者医生那里得到了不真实的安慰，但是这本书里的干预方法能帮助你的孩子赶上他自己的发育节奏。如果你跟我一样，逃避事实逃避了好几个月甚至好几年，也不用自暴自弃。你已经打开了这本书，接下来我会带着你正视这些孤独症的信号，就从今天开始行动。

无论你的孩子是已经确诊了，还是你刚刚开始评估目前的状况，有三步关键的措施我会推荐给每一位父母去执行。

你可以立即采取的三步措施

无论你是忧心忡忡地排队等待正式的评估，还是你的孩子已经确诊并已经开始了不同的治疗，你都可以采取这些措施来改变你的现状。

措施一：读完这本书，学习我的方法

这可以让你具备扎实的知识基础，让你不仅能在家开始教导和帮助你的孩子，还可以让你能更好地评估周围能用的专业和干预资源。当你读到下一章，关于保证安全和早期评估、关于具体行为的处理策略、关于为孩子倡议的内容，你就能更好地分辨什么样的专业人士可以帮助你的孩子。

在我作为一名行为分析师早期的职业生涯里，我会推荐每一个孩子在早期发育迟缓信号出现的时候去看儿科医生。我认为所有的孩子都应该尽快地找到早期干预资源和ABA治疗师。那时的我坚信ABA和任何形式的早期干预服务总比没有的强。这些年来，我却发现这并不正确。现在的我深知，任何类型的治疗、干预或者是专家对你的孩子来说都有可能是极好的，也有可能效果不大，甚至有可能是有害的。

那位因为一个男孩儿可以用手指物就错误地排除了孤独症可能性的儿科医生不是个例，很多专业人士可能也存在同样的误区。好心的医生们、行为分析师们、作业治疗师们、语言病理学家们、家人们、朋友们还有其他人可能会给你（或者已经给了你）互相矛盾的建议，而且这些建议通常是错误的。我常常听到很多专业人士给父母这样的建议：

等一等再看看。

他只是需要奶嘴来安抚自己。

就让他哭吧。

如果他打你，你就给他隔离惩罚。

他需要去托儿所或者幼儿园来进行社交。

不用担心，他会自己赶上的。

全部交给专业人士吧。

遗憾的是，所有这些说法都只会让你陷入跟我和我儿子一样的境地：在发育迟缓的早期信号出现时没有采取任何实质性的行动。有时甚至还会处于更糟糕的境地——接受着无效的甚至是有害的治疗。

我们的在线社区有一位妈妈，每天开车两个多小时带着她两岁的儿子去找一位语言治疗师。根据他们的"规定"，这位妈妈需要在休息区等候，不被允许陪伴儿子进入治疗室学习和观摩。她不确定儿子是否有被妥善照顾或者有没有被正向引导。她非常担心，因为儿子还不能说话，而且他进治疗室之前一路都在尖叫，整节课的过程中也在持续尖叫。当她跟治疗师提出担忧时，却被告知可以在儿子接受治疗的时候"去购物"。"他总会停止哭闹的"，他们这样告诉这位妈妈。不久之后，她学习了怎么利用我的 TAA 方法来跟儿子相处，停止了每天的长途跋涉。儿子在学习的时候也不再哭闹了。没有孩子会在治疗中一直尖叫，而父母也应该积极参与孩子学习的过程。如果你的孩子极度讨厌学习，那么可能是教学的方法出了一些问题。

在另一个案例里面，一位家长支付着高昂的费用给儿子进行了一年的干预咨询，但是儿子每次都是一直哭闹。儿子在 12 个月里面唯一的进步就是学会了拍手。但是儿子会在任何人跟他说任何话的时候拍手，而不只是在听到"拍手"这个词的时候。所以这个所谓的进步也算不上真正的进步。更糟糕的是与此同时，他将学习和讨厌的事情关联了起来。

遗憾的是，只有极少数的父母和专业人士知道怎么使用 TAA 方法。它应该建立在其他任何你可以在当地获得的干预资源之上，尤其当你的孩子已经确诊为孤独症或者在排队等待诊断时。当你学会了 TAA 方法之后，你就可以成为"船长"，知道下一个月、下一年以及以后，你的孩子需要什么样的疗法和哪些专家。

通过阅读这些章节，你会学到很多内容，这些内容有关你的孩子需要什么样的治疗，怎么给孩子选择最合适的专业团队。你会学到怎么为孩子争取更多。但是在进一步的讨论之前，我希望给你一些先导的建议来帮助你开始：

- 你也许听过一句话，"不要破釜沉舟"。我建议你在开始接触孤独症干预和倡导的时候时刻记住这句话。避免出现"对抗"的心态。你需要果敢而有行动力，但不能冲动好斗。
- 给孩子的计划和目标应该从他的能力出发。我见过有的治疗师们试图让孩子执行远超他们现有能力的任务。如果你的孩子连自己的基本需求都讲不清楚，当下根本谈不上去完成学习介词、代词或者颜色这些目标。
- 你需要学会怎么自己来教孩子。只有到了那时，你才能真正有自己的判断，不再完全依赖他人的观点。
- 焦点应该放在你的孩子身上。当有太多的观点出现，你变得疑惑时，退后一步，认真观察孩子，然后，做出最适合他的选择。

措施二：对照参考普通儿童的发育里程碑，看看你孩子的情况

美国疾病控制与预防中心（CDC）的网站上有一份发育里程碑的指数参考，涵盖了语言、自理、自我管理（管理自己情绪的能力）以及其他一些领域。当然，没有任何两个孩子是完全相同的，所以这份指南只是提供了这些里程碑应该出现的平均年龄。

当你的孩子在8个月、18个月、3岁或者其他年龄的时候，你可以了解到他在肢体上、认知上、语言发育上等应该是什么样的水平。例如：他在网站上提供参考的年龄段内，可以自己吃饭、可以用敞口杯喝水，并且可以调节自己的情绪吗？又或者他是否频繁地发脾气、出现问题行为，而这些是由于他不能理解周围的世界？

如果你发现你2岁大的宝宝达到了18个月的所有里程碑，但距离2岁的里程碑还差点儿，那可能他只是稍稍有一些落后。但是如果宝宝到2岁的时候还没有达到普通孩子12个月大或者15个月大的水平，那这就有可能是孤独症的信号了。

如果你的孩子已经在上日托班或者幼儿园，那么跟老师聊聊，看看孩子是否在班级里面落后于其他人。老师可以给到你关于他在集体中的表现和他是否落后于发育里程碑的参考信息。

如果你孩子的表现已经明显落后于发育里程碑的指数水平，一定要坚持这本书里的策略，采取行动。

措施三：开始你的评估

我们在线社区里面的一位妈妈在留意到儿子技能的退化时，立即预约了专业的早期评估，开始了三个月的评估排期。是的，我确实说过技能的退化应该引起重视，但是不要过度恐慌，也不要恨不得一下做完所有事情。就像我说的，第一件事情是先读完这本书。如果你的孩子只是轻微的落后，那这本书里的策略也许就足够了。如果你在弄清楚孩子真正需要什么之前就着急忙慌地冲去找专家，又遇到了坚持自己的评估方法的"守旧派"的话，你有可能会得到一些错误的建议，就像我之前举的例子那样。

我们在第 4 章里面会进一步讨论怎么处理孩子的早期干预需求，以及怎么开始寻找合适的专业资源。但是在这里，我推荐你去填一下孤独症幼儿检核表（修订版）（M-CHAT）。这个筛查工具常常被儿科医生用于 18 月龄和/或 24 月龄儿童的健康检查之中，你可以直接在官方的网站上免费下载然后填写。这个表适用于 16 个月到 30 个月大的儿童，只需要花几分钟就能填完。

M-CHAT 的检核表包含 23 个问题，例如：你的孩子会用食指将物品指给你看吗？你的孩子会玩假扮游戏吗？孩子跟你有眼神交流吗？你的孩子喜欢坐在你的腿上边蹦跳边唱歌吗？你的孩子走路开始得晚吗？很多问题都只需要回答简单的是或不是，但这份检核表对于你形成最佳的行动方案来说是一个非常好的起点。

找回你作为父母的能量

当你开始观察你的孩子或者开始评估接下来应该给他什么样的干预时，我的目标就是帮助你更有能力来助他进步。在我们开始讨论早期评估之前，我希望先讨论一个更加紧迫的话题：如何保证孩子的安全。

第三章

保证孩子在家、学校和社区的安全

在奇诺还不到三岁的时候，有一天，妈妈像往常一样走进他的房间来给他穿衣服。但是当妈妈打开衣柜的时候，却发现衣柜全空了。

"奇诺的衣服呢？"她问奇诺爸爸。

"不知道啊，我没动过。"

奇诺的父母很快发现是奇诺自己打开了二楼卧室的窗户，将所有的衣服扔出窗外，扔到了屋顶上。然后，他甚至还自己关上了窗户。

5岁大的萨姆被诊断为中重度孤独症。他跟着父母一起去纽约度假。在他们排着队等着坐渡轮去参观自由女神像的时候，萨姆爸爸的皮带触发了金属探测仪的报警。爸爸需要解下皮带来通过安检。就在混乱间，萨姆冲出了父母的视线。虽然短短几秒钟之后父母就意识到萨姆不见了，恐慌还是迅速袭来。这对于父母来说是一个完全不熟悉的地方。萨姆有可能在街道的某个地方吗？他有没有可能已经独自登上了渡轮？幸运的是，不到十分钟他们就找到了萨姆。但这绝对是他们生命中最漫长的十分钟，而且这个后果不堪设想。

我儿子卢卡斯还很小的时候，我们一起参加聚会，比如家庭烧烤。我在去卫生间时会请亲戚帮我临时照看他。他们会说，"没问题"。但总会发生的状况是，当我从卫生间出来时，卢卡斯已经走到了别处，但大人们还没察觉。

他们像看待普通儿童一样来看待卢卡斯，但现实是这些孤独症儿童或者发育迟缓的儿童需要更多的照料。你可以放心让三四岁的孩子主动跟你走在人行道上，而一个语言发育大幅落后的孩子无法理解行车道、路肩、停车标志是什么——或者说他们不知道自己不能走到车流当中去。许多发育落后的孩子不能理解危险，也无法判断当下的情境是否安全。而有些中重度孤独症的孩子即使在成年后也仍然不能理解。

我说这些事情并不是为了恐吓你。但在我的线上社区里进行的一次调查中，孤独症孩子的父母们都将安全选为了他们面临的最大挑战。这也是为什么这一章会放在其他章节前面的原因。保证孩子的安全是你的首要任务。

首先，作为父母，我们需要从实际的角度来评估我们的孩子，而不是假定他们具备了普通同龄人水平的理解能力。例如：他们也许可以开口说话，但是对于自己说的话或者你说的话并不能充分理解。能确保自身的安全，前提是孩子具备良好的语言理解能力，而不仅仅是会说话。很多小孩子同时有注意力缺陷，还有一些小孩非常容易冲动。因为发育上的落后，他们往往没有能力在行动之前做到仔细考虑。

卢卡斯在小时候完全没有危险意识。在他两三岁的时候，他会直接走出家门或者在我们带他去商场的时候直接走开。有一次，孩子爸爸用双人婴儿车推着卢卡斯和斯宾塞去商场。卢卡斯直接跳出了婴儿车，从商场大门跑了出去，我们 20 分钟后才找到他。

对于语言能力好一些、没那么容易冲动的孩子来说，危险的识别与判断仍然是个问题。卢卡斯再大一些时，我们也许能够教会他拨打 911（报警电话），但是我们没办法教会他怎么判断当下的场景是否应该拨打 911。

尽管养育一个孤独症孩子会涉及很多特定风险的考量，但好消息就是，有很多措施可以让你的孩子远离危险——在家里、在学校或者托儿所，以及在社区里。让我们从家里的安全说起。

家里的安全措施

"你需要一个围栏，"有一天我的邻居这样跟我说。此时，她正看着我努力地阻止 2 岁的卢卡斯（那时还没有确诊）和 1 岁的斯宾塞（他在两个月的时间里学会了跑）从我们的后院跑出去。

"噢，不需要，"我说，"因为我丈夫不希望设置围栏。"但是当我的儿子们朝着相反的方向跑出去的时候，我自己每天都跑得精疲力竭。

"你需要一个围栏！"我的邻居坚定地强调着。

她说得非常对，我那时一定是疯了。于是我们放弃坚持，买了围栏。这个围栏简直拯救了我。围栏绝对是值得且应该考虑用来增加安全性的工具之一。

一定要记住的是，随着孩子年岁的增长，他在肢体上的发育可能远远快于他的危险意识的增长。例如：他会长高，然后就可以够到门把手和橱柜。他的手指灵活度会进一步发展，这样他就能自己打开瓶子或者罐子了。他可能还会拖来一把椅子，站在上面去打开更高一些的橱柜。

以下是一些我建议你们在家里需要做到位的保护措施。

- **安装安全锁和报警器。**一项研究显示，近一半的孤独症孩子都有过闯入不安全环境的经历[1]，所以你需要围栏来预防他们离开安全区域。为了防止孩子跑出家门，安装那种可以限制从门内打开的锁，或者在门口安装报警器，在每次门被打开的时候会自动报警。
- **给家里的门装上门把手套和插销门扣。**给门锁套上那种孩子无法打开的硅胶套子。这些能有效阻止他们进入浴室和厨房，这样就接触不到肥皂、刀具和其他看起来不安全的餐具。有的孤独症孩子会吃不能食用的东西，例如肥皂或者小物件（这种行为叫异食癖）。我有一个客户就曾经进入了他哥哥的房间，吃了不能食用的物品。他父母后来在门上面高一点的位置装上了插销门扣，确保他在无人监管的情况下不能进入其他房间。
- **安装柜子锁和抽屉锁。**给孩子有可能从里面拿到危险物品的所有橱柜和抽屉上锁（请记住孩子有可能站在椅子上去拿）。他有可能会把柜顶上的重物拽下来，也有可能会拿到药品、尖锐的工具或者有毒的清洁剂。这些东西都不应该被孩子接触到。同时我也建议大家购买无毒的清洁剂。这些清洁剂对于全家人的危害更小，对于环境也更有益。
- **给插座装上保护盖。**把插座全部盖起来远好过持续不断地喊"不要碰插

---

[1] 原注："Study Confirms: Autism Wandering Common and Scary," Autism Speaks, last modified August 20, 2018, https://www.autismspeaks.org/news/study-confirms-autism-wandering-common-scary.

座"。这种负面的反应会让你的孩子更难适应正面的激励。而把插座盖起来让孩子根本接触不到插座，可以最大限度地避免你跟孩子的关系破裂。

- **告知邻居和当地派出所你的孩子有孤独症/发育迟缓**。如果你的邻居和社区派出所知道你家孩子有可能会乱跑出家门，他们会多多留意，在必要的时候给予帮助。

- **使用医用预警腕带和/或定位（GPS）手环**。一条医用预警腕带在孩子走丢的时候能有助于识别他的身份，而手环或者脚环上的 GPS 系统可以进行追踪，这样孩子走丢的时候你就能很快找到他的位置了。这些安全措施的有效性都依赖于在危险发生前有人找到了孩子，所以首位重要的还是预防孩子跑出去。

- **锁好窗户**。本章一开头奇诺的故事向我们表明了，窗户也需要确保安全性。一个不到 3 岁的孩子也有可能给你"惊喜"——自己打开窗户。我还听说过有的孩子通过窗户爬到了屋顶上的例子。当然，在确认孩子无法打开窗户锁的同时，也要确保家里所有的窗户大人是可以打开的，尤其在火灾等紧急情况下。

- **制定家庭消防安全方案**。除了确保家里的窗户在火灾时能随时被成年人和年长的孩子打开之外，制定一份家庭消防安全方案并跟全家人进行演练，也同样是非常重要的。烟雾探测器、灭火器和可以放在床下面的小型消防梯对于所有家庭来说都是很重要的，尤其是有孤独症孩子的家庭。

- **在楼梯口安装儿童护栏**。如果孩子会在大人睡着或者不在周围的时候在楼梯上爬上爬下，你可能需要在楼梯的底部或者顶部装一个儿童护栏。

- **将家具固定在墙上**。所有孩子都会面临拉倒家具砸到自己的风险，但是普通发育的儿童长到一定年纪后，会明白家具不能拉拽。一个有孤独症或者语言发育迟缓的孩子却无法理解这个风险。所以我建议想办法把容易翻倒的家具固定在墙上。你可以买一些家具防倒固定绳来预防意外事故的发生。

- **烹饪时注意安全。** 我做饭的时候，如果卢卡斯在厨房里，我会尽量使用后排的炉灶。你还可以将炉灶盖起来，并且在孩子靠近任何火源的时候密切注意，包括烤炉和壁炉。
- **安装防烫伤装置。** 在孩子还小的时候，决不能允许他独自打开热水。你可以通过设置热水器的最高温度限制或者安装一个防烫伤装置来让自己更加安心，这些可以防止水温达到危险的程度。在卢卡斯长到可以自己洗澡的年纪时，我们在浴室装了一个防烫伤装置，这样水温永远都不会过热。

在这些建议之外，在你家里四处看看，有没有什么其他的危险隐患。一个电灯泡也有可能让孩子因为误触而被烫伤。我理解作为父母有时候讨厌把事情往坏处想，但是保证安全远比后悔要好。

学校/托儿所里的安全措施

凯尔茜的大儿子，布伦特利，在两岁时被诊断为孤独症。凯尔茜在实施我的"TAA"在线项目之前，每周三次开车带孩子去一家ABA机构，单程就需要一小时。在机构中时，她儿子有时会跑出去，到大街上。作为一位单身妈妈，凯尔茜忙得不可开交，因为她不仅需要担心布伦特利的安全，还要照顾另一个儿子林肯。林肯那会儿两岁，也已经开始展现孤独症的一些症状了。

你也许在新闻里见过其他像布伦特利一样的孩子自己跑到大街上，还有大一些的孤独症孩子从学校出走后失踪了。这是每位家长最可怕的噩梦。不幸的是，有些学校和早教机构并没有预防和应对孩子走失的行动方案。如果你的孩子有出走的可能，你需要确保，你不在的时候学校或者早教机构里面有给他提供一对一支持的工作人员。除了教授你的孩子语言技能之外，一位经过培训的一对一助教可以在孩子与其他小朋友互动的时候提供辅助、强化和引导，提高参与度，保证孩子的安全。

评估学校或者机构环境的风险程度是很有必要的。当你要考察陪伴孩子全天的场地环境时，以下是一些你需要询问的问题：

- 门栓和窗栓在学校里和在家里同等重要。但是学校需要遵守这类场所的相关规定,所以安全门栏和插栓通常是被禁止使用的。如果学校不能设置门栏或者教室门不能保持常闭,会有工作人员全程在门口守着吗?
- 窗户是一直开着的吗?或者说窗户是否很容易在工作人员不知情的情况下被打开?
- 教室里面有危险品吗?孩子是否能在成年人不注意的时候自己拿到?
- 洗手间是否安全?你的孩子在使用洗手间的时候是否有人监护?
- 你的孩子会去到游乐场吗?游乐场是否有栅栏围起来?游乐场内是否有危险品?孩子在游乐场的时候,配有怎样的监护措施?
- 如果你的孩子需要乘坐校车,他在校车上的时候是否有人监护?他下车走进学校的时候是否有人监护?

如果环境里存在可能会影响到你孩子安全的问题,你需要确保有足够的支持资源来保证孩子远离危险。我知道这项任务听起来很艰巨,但是这些都是值得重视的安全问题。

孤独症与水

令人遗憾的是,溺水是导致孤独症孩子死亡的首位原因。出于某些原因,孤独症孩子似乎很容易被水所吸引。卢卡斯就非常喜欢水。我认识一位家长,她六岁的儿子独自走出家门,在邻居家溺亡了。邻居家的门半开着,孩子自己走进了后院,当时四下无人,孩子跳进了泳池里面。这个男孩的妈妈从此成为了一个安全倡导者,呼吁其他家长避免此类悲剧的发生。

如果你的孩子只是带着游泳圈玩过水,那么尽快地教会他不用游泳圈游泳。这样,如果他在没人保护的情况下落水,他可以自己游泳上岸。他需要学会怎么靠岸,怎么把脸埋到水下换气。有条件的话,找一位专业教练来一对一地教他怎么在水中保持安全,怎么背朝下地漂浮在水面上,然后教他怎么游泳。如果你家里有泳池,在泳池周围装好围栏。如果你的邻居家有泳池或者户外按摩浴缸,让他们时刻留意把门锁好。

> 还有一点很重要：当你的孩子靠近任何水源时都需要进行密切的监护，不仅仅是泳池。如果你的孩子跟卢卡斯一样有着严重能力缺陷，那么不管在孩子几岁的时候，这些安全措施都是非常必要的。除了理解性语言的落后，孤独症孩子还常常面临着癫痫的高发风险，所以如果他们在浴缸中或者在儿童泳池中癫痫发作也是非常危险的。
>
> 再一次说明，我知道这些事例很可怕，但是只要你采取好防范措施，孤独症孩子在有足够监护的情况下同样能享受戏水的快乐。

社区里的安全措施

布伦特利经常会跑出凯尔茜的视线，而且在她叫他名字或者大喊"停下来"、"回来"的时候毫无反应。所以在社区里的时候，凯尔茜不得不把布伦特利背在背上，把林肯抱在前面，或者抱着林肯的同时用牵引绳将布伦特利牵在身边。跟凯尔茜一样，很多家长感觉自己别无选择，只能使用孩子无法挣脱的背包牵引绳，或者用超大号的手推车，哪怕是对大一点的孩子也得这样做。

好消息是，凯尔茜在使用了"TAA"方法之后，她可以不用背包牵引绳带两个孩子了。中间花了好几个月的时间，让布伦特利开始对自己的名字有反应，并且听到指令会停下来了。有时候，你可能需要多试几次才能发现你的孩子会回应哪些指令。我有一个个案对"停下来"这个指令没有反应，但是如果他妈妈说"把你的手给我"，他就会走到她身边。

经常有家长问我："怎么教我的孩子注意自己在马路上的安全？怎么教他什么时候该停什么时候该走？怎么教他远离陌生人？"你可以尝试教他这些事情，但是请从孩子的实际理解能力出发。记得，有可能他能重复你的话，但是却不理解这句话的内容。你也许会发现，现阶段你的孩子就是理解不了这些危险。

专家建议，普通发育的儿童在10岁前都不应该独自过马路。当然这是指平均年龄。有些普通儿童可能到10岁时也还没有具备这种判断的能力。

尽管对于刚学会走路的孩子来说，你可以教他们一些安全常识，例如：在马路上及时停下、注意来往车辆和停车场上的安全、不要随意乱跑、一直牵着大人的手，等等，但是他们仍然需要你密切的监护。不仅仅是因为他们还没有独自过马路的判断能力，还因为他们容易随性，可能会突然跑到马路上。

还有，当孩子开始讲话时，要尽快教他说自己的名字、住址和电话，防止走失。这些个人信息也应该清晰地呈现在医用预警手环或者GPS追踪器上。

还有另外一个有用的小建议：带孩子出门的时候，可以随身带一些强化物零食或者有趣的小东西，尽可能地让孩子有事情做。（强化物是指那些能够奖励孩子，增加孩子"好"的行为的物品。在这种情况下，准备好强化物且时不时地给到孩子，这可以增加孩子待在你身边的概率。）这个方法可以预防孩子受其他东西影响而跑开。记得，如果孩子待在你身边没有远离，要表扬他！

如果去户外活动，寻找那些封闭的有围栏的公园和游乐场。即使这样的公园离得远一些，但可以阻止孩子跑出去，开车去也是值得的。

如果你带孩子到了一个新环境，例如出去旅游的时候，需要保持警觉。因为新环境里面可能没有像家里有那些安全措施。我们曾经租了一个海滩上的房子，然后卢卡斯跑到了室外。他非常喜欢水，我们都吓坏了，幸运的是，我们最后在房子周围的人行道上找到了他。

如果你的孩子在使用GPS追踪手环，记得在出门旅游前扩展一下定位的范围，这样无论你们在哪里都可以使用了。我有个朋友的孩子在一艘大游轮上跑丢了，全家人惊慌失措地搜索了好几层甲板才找到他。

安全措施可以让你放松心情

所有的这些安全措施可能会让你觉得整个家像诺克斯堡一般固若金汤，而你会非常开心，因为自己采取了所有的必要措施来尽力保证孩子的安全。这样你就可以有更多的精力来提高孩子的生活质量了。

在下一章节，你会学到如何在短短的10分钟内来快速评估孩子的长处和需求，从而决定干预的起点。

第四章

通过简要的评估，找到行动的起点

"玛丽，我没有接受过任何培训。我怎么可能给我的孩子做评估呢？"经常有父母这样问我。

你不仅仅可以给孩子做评估，而且你必须这样做。专家、老师和治疗师们来了又走，只有你一直是孩子最好的老师和带领者。没有人比你跟他相处的时间更长，也没有人比你更了解他。即使他现在正在排队等待着专业的评估，你的评估也是重要的。即使他已经做完了语言和行为的评估并正在接受干预，你的评估还是重要的。即使他已经接受过无数专家的评估，无论他有没有得到一个明确的诊断，你的评估同样是重要的。

有了你自己可以进行的常规评估，就能改善家庭、学校和治疗师之间的沟通协作，我见证过很多这样的情景。评估可以让你明确：自己在家进行的干预能够成为孩子接受的其他干预内容的补充——反之亦然。只有你才可以让所有人的目标达成一致。

如果你的孩子正在排队等待评估或者治疗，那尽快开始你的干预就尤为重要了。你等不起。这真实地发生在凯尔茜和布伦特利身上，就是我们上一章提到过的那对母子。在排队等待了一年之后，布伦特利最终在 2 岁的时候被确诊为孤独症。然后他又开始了三个月的等待，等干预的排期。在那时，他的安全也是个很大的问题。他每天会上百次地撞自己的头，还会经常跑到马路上或者有水的地方。凯尔茜想让这些危险的行为尽快消失，所以评估孩子的能力、制定计划并开始家庭干预成了当务之急。

在凯尔茜对儿子布伦特利开始进行 TAA 干预后不久，她又担心起小儿子林肯了，那时候林肯刚刚 1 岁。尽管林肯的症状跟布伦特利的很不一样，但这一次，凯尔茜有了工具，并且知道应该怎么在没有专业资源的情况中先自己评估和进行家庭干预。

她等了一年才拿到林肯的诊断书。林肯在 25 个月大时被确诊，布伦特利也是在一样的年纪。但林肯被确诊的时候，尽管仍然需要一些针对孤独症的干预，他的语言落后已经完全赶上来了，这都是得益于凯尔茜的及时行动。

> 有了我的 TAA 评估表，无论你是什么背景，有多少经验，你都可以快速地把控全局。你可以在 TurnAutismAround.com 网站获得这份评估表以及其他表格①。

可能听起来让人难以置信，但是只需要 10 分钟就可以完成这个评估。完成评估之后，你可能会发现更多隐藏的问题。例如：一个没有口语的孩子大概率会在进食方面有问题，在游戏技能和模仿技能方面也存在不足。

类似的问题通常具有关联性，所以尽快地占据全局优势是至关重要的。大家常常问这样的问题："怎么才能让我的孩子停止做某件事？"这件事也许是打其他小朋友，也许是用头撞地，也许是拒绝吃某种食物。尽管解决某个具体行为问题的需求是急迫的，但是没有事先通过评估来全面了解孩子的能力、语言、进食、睡眠、如厕、自理等方面的情况，结果很有可能适得其反。

了解这些情况之后，你就有信心在孩子的能力出现提升和变化的时候持续评估孩子的进展。我建议在初次完成这份评估表之后，定期更新干预方案（这部分会在下一章讲到）。

在进行这个评估时，你需要同时参考第二章提到的发育里程碑，这样就可以了解孩子和同龄人的差距了。这也会帮助你设定切合实际的目标。对于一个发育迟缓的 2 岁孩子，你就不会期待他能做到连普通发育的同龄人都做不到的事情了。制定一个与当前发展阶段不符或者太超前的目标，这种情况在专业人士的干预中都有发生。这可以解决所有人的焦虑，但确实是在浪费你孩子的时间。记住，你不仅需要根据孩子的生理年龄来制定计划，还需要考虑他实际的发展年龄。例如，孩子的生理年龄是 4 岁，但是语言能力不足，在表达性语言方面仅仅相当于 18 个月大的孩子，在进行吃饭和如厕训练时有

---

① 编注：登录"华夏特教"公众号，获得相关中文在线资源。

严重的情绪问题。通过评估，你会发现增加语言技能的重要性，同时会考虑将如厕训练放到几个月之后再进行。

TAA™ 评估表格
玛丽·巴伯拉博士制作

填表日期_____
填 表 人_____
孩子姓名_____
年　　龄_____岁_____个月
出生日期_____

医疗信息
诊断（如果有）_____
孩子目前在上学或者在接受任何特定的康复治疗吗？ 有□ 没有□
如果有，请列出治疗的频率和地点（在家，学校，机构）_____
正在服用的药物_____
过敏史____特殊饮食习惯____
安全问题（多选）：走出家门□ 对陌生人无防范意识□ 交通安全□ 水域□

自理
描述孩子的饮食习惯。孩子是否能自己吃饭，他喜欢什么口感/类型的食物。如果有依赖奶瓶奶嘴、餐具和吸管使用问题等，也请列出来____
描述睡眠习惯/问题_____
描述如厕问题_____
描述梳洗/穿衣问题（刷牙，洗手等）_____

说话/表达性语言
孩子有任何口语吗？ 有□ 没有□
如果有，请预估孩子能说的词的数量，并列出几个例子____
如果没有，孩子会咿咿呀呀地表达吗？ 会□ 不会□ 如果会，请列出孩子经常发的音节____

请求/提要求
孩子会用单词来要求物品吗？例如饼干、果汁、球、推我？ 会□ 不会□
如果会，列出孩子要求的物品/活动有哪些_____

如果没有，孩子都是怎么来提要求的？圈出所有符合的选项：手势/用手指/拉大人的手/手语/图片/哭闹/抓人

识别/命名
你的孩子会命名书里的或者图片里的物品吗？如果会，预估一下孩子可以命名的物品数量，并且给出具体例子_____

口语模仿/仿说
孩子可以仿说你的话吗？
单字/词　可以□　不可以□
短语　　可以□　不可以□
孩子会背诵电影里的台词或者你过去说过的话吗？ 会□ 不会□
如果会，请详细描述内容_____

回答问题/互动式语言
孩子可以跟唱（填歌词）吗？
例如在你唱出"一闪一闪亮晶晶，满天都是____"的时候，孩子能接上"小星星"吗？
能□ 不能□
请列出孩子可以跟唱的具体歌词_____
孩子能接上俗语或者能说出物品的功能吗？例如在你说"预备备，____"的时候，他能接上"出发"吗？在你问"你睡在____"的时候，他能回答出"床上"吗？
能□ 不能□
孩子可以回答特殊疑问句吗（没有视觉提示时）？例如你问到"什么东西在天上飞"，他能回答"鸟"或者"飞机"吗？当你要求的时候，他能列举3种颜色或者动物吗？ 能□ 不能□

听懂/理解性语言
当你叫孩子名字的时候，他会回应你吗？圈出回应的频率：总是/经常/有时/几乎从不
你让孩子自己拿鞋子或者杯子的时候，他可以在没有手势提示的情况下做到吗？圈出能做到的频率：总是/经常/有时/几乎从不

你让孩子拍手或者站起来的时候，他可以在没有手势提示的情况下做到吗？圈出能做到的频率：总是/经常/有时/几乎从不
孩子可以指认自己的身体部位吗？例如"摸鼻子"　可以□ 不可以□
如果可以，列出孩子可以指认的具体身体部位_____

模仿
在你让孩子"这样做"的时候，孩子可以模仿你玩玩具的动作吗？例如你前后移动玩具车并让孩子"这样做"的时候，他会模仿你吗？
会□ 不会□

视觉表现/配对技能
孩子可以将实物和实物、图片和图片、图片和实物进行配对吗？
能□ 不能□ 不确定□
孩子可以完成图案配对的拼板吗？
能□ 不能□ 不确定□

社交/游戏技能
选出所有符合孩子社交技能发展情况的选项：眼神交流/打招呼/玩玩具/跟他人分享/假想游戏/回应呼名

问题行为
孩子目前可以坐在桌旁或者坐在地上跟成年人一起完成简单的任务吗？
能□ 不能□ 不确定□

请列出问题行为的具体表现形式（哭、注意力不集中、打人、咬人、重复排列玩具、刻板语言等），并且预估发生的频率（例如，100次/天、10次/周、每天80%的时间、一天一次等）_____
_____

评估表

在表格顶部，需要填写日期、你的名字（指评估人，父母或者专业人士都可以），还有孩子的名字、年龄和出生日期等信息。因为这份表格每三个月需要更新一次，所以每次都完整填写表头很重要，这样你可以根据时间线来详细记录孩子的发育情况。

医疗信息

如果孩子已经有了明确的诊断，可以简短地填写相关信息。你现在也许正在排队等待着孤独症评估，也许已经有了厚厚一沓的各种评估资料。将最重要的信息简短地写下来，包括你的孩子目前是否上幼儿园或者早教中心，是否正在接受治疗或者特殊干预，是否在服用药物，有没有过敏史，是否有饮食禁忌，是否有安全问题，如出走或者对陌生人无防范意识、需要注意交通和水域等（就像第三章里面提到的那些安全问题）。

自理

在这个部分，快速评估一下你的孩子是否会自己吃饭，并且简要地描述一下孩子喜欢吃的食物口感和食物种类。孩子正在使用奶瓶还是奶嘴？他会使用吸管和餐具吗？

记录包含睡眠习惯和问题的相关信息，还有简短地记录如厕训练的进展或者困难。在后面的章节里面，我们会更深入地探讨喂养、睡眠和如厕方面的评估。

大部分父母在想到孤独症的症状时，会首先想到语言发育迟缓、缺乏眼神接触、奇怪的行为、严重的情绪问题等。但是在评估一个孩子的发展水平和他的长处与需求时，很大一部分会涉及他的自理能力，这包括独立穿衣和洗手的能力等。所以在这份评估表里面，你需要记录孩子是否能自己穿衣服，例如是否能自己穿裤子，是否能自己洗手、刷牙。（显然，如果你的孩子才 12 到 18 个月大，那你需要注意，这里面有些技能普通发育的同龄孩子也是暂时做不到的。）

为我的第一本书《语言行为方法》作序的马克·松德博格博士（Mark Sundberg）是一名博士级别的注册行为分析师。他发表了一套更为详尽的评估和课程体系，名叫《语言行为里程碑评估及安置程序》（VB-MAPP）。这份评估在 2008 年出版，被很多 ABA 领域的专家们广泛使用和推荐。在 VB-MAPP 的主体评估内容之外（这部分内容会在后面的章节里提到），松德博格博士还提供了一些补充材料，并且很慷慨地允许我在这本书里面转载其中的自理能力检核表，这些信息能够帮助你更好地完成孩子的 TAA 评估。VB-MAPP 和自理能力检核表最棒的一点就是，松德博格博士使用了发育里程碑来对每一条项目进行归类，参考了普通发育儿童习得新技能的过程。

你会在这章以及后面的章节里看到松德博格博士研发的自理能力检核表的部分内容（自理能力检核表的完整版链接也可以在 TurnAutismAround.com 网站上找到）。

自理能力检核表的四大模块包含了穿戴衣物、整理仪容仪表、进食和如厕，通过孩子一般在 18 个月、30 个月、48 个月时的能力发展顺序来呈现。这份检核表展示了以上这些技能发展的常规阶段，很实用。通过填写这份检核表可以让你更全面地掌握孩子的自理能力状况。

举个例子，通过这份检核表里面关于穿戴衣物的内容，你可以很清晰地了解到某项技能的先决条件。如果你的孩子还不会自己脱掉袜子和鞋子，也不会自己脱裤子，那现在可能还不到教他穿鞋子和穿裤子的时候。自己会脱掉鞋袜和裤子是 18 个月左右的能力标志，而对于普通发育的儿童来说，自己穿鞋袜和裤子的技能往往在这一年之后才会出现。

穿戴衣物-18 月龄

__脱帽

__脱袜子

__脱手套

__脱鞋（可能需要帮助解鞋带、纽扣和撕开魔术贴）

__脱外套（可能需要帮助解扣子和拉拉链）

__脱裤子（可能需要帮助解扣子和拉拉链）

__穿裤子（穿着纸尿裤时需要帮助提裤子，以及需要帮助扣纽扣、子母扣和拉拉链）

穿戴衣物-30 月龄

__解鞋带

__解前面的纽扣

__解子母扣

__贴上和撕开魔术贴

__拉开前面的拉链（小型拉链可能会比较有挑战性）

__脱上衣（可能需要帮助脱紧身的上衣）

__脱裤子或者短裙（可能需要帮助解拉链和解扣子）

__穿鞋（需要帮助区分左右脚）

__穿裤子（可能需要帮助拉拉链和扣扣子）

__整理衣物

__配好两只袜子

__配好两只鞋子

__将脏衣服放进洗衣篮

说话/表达性语言

到现在，你已经完成了 TAA 评估中的医疗信息和自理能力的内容，接下来就是对于语言的评估。语言能力占据了评估表格的大部分篇幅，因为沟通是至关重要的。

在这部分，你需要观察孩子是否会使用词语来表达，如果有，把孩子常说的那些词语写下来。如果他还不能说词语，他会咿咿呀呀地表达吗？如果会，可以描述一下你经常听到孩子说的音节。

请求/提要求

"提要求"是指提出一个请求。这是斯金纳博士（B. F. Skinner）在 1957 年出版的《语言行为》（Verbal Behavior）一书里提出的。许多孤独症孩子都很难用语言来表达自己想要的东西。提要求是一项非常重要的技能，因为对于孩子来说有一个很重要的因素——那就是个人动机。拿我们自己来举例，作为成年人，我们的动机是获得工资，所以我们会去工作。当孩子不能表达出他们想要的东西时，就不可避免地会出现问题行为。如果你的孩子还不会提要求，那学习其他的语言技能也会比较困难。如果孩子还不能说出他想要什么，那教他命名物品或者回答问题的技能也是没有意义的。

孩子可以用类似"饼干"或者"水"这样的词语来提要求吗？如果可以，把他经常要求的物品名称列出来。如果你的孩子现阶段还不能用口语来表达要求，他会通过其他方式来告诉你吗？在表格上圈出孩子要东西的方式，例如通过手势或者用手指。

识别/命名

"命名（tacting）"是另一个由斯金纳创造的词，它的意思是识别事物。通常来说，这是一项比提要求更高阶的技能，但也有一些孤独症孩子在能够提要求之前就展现出了命名的能力。你的孩子可以识别实物或者书上和闪卡上的图片吗？将同一个东西的实物和图片结合起来使用，有助于更好地评估孩子的能力，例如孩子不仅能认识实物的香蕉，也能辨认香蕉的图片。在表格上记录下孩子能识别的物品；如果孩子能识别成百上千个事物，预估一个大致的数量并列出一些例子。

口语模仿/仿说

仿说是一项模仿技能。一旦孩子开始仿说了，也就打开了语言发展的大门。当你要求孩子说"球"的时候，他会跟着说"球"吗？当你说"香蕉"的时候，无论他手里有没有香蕉，他会跟着说"香蕉"吗？他会重复看过的电影中的台词或者你过去说过的话吗？如果孩子会重复，那这种行为叫作"延迟模仿"。虽然"复述"电影台词有可能是孤独症的预警信号，但当你的孩子开口说话的时候，这不失为一件好事情。如果他不能仿说单词或者短语，他的语言就得不到发展。很多有孤独症或者重度语言障碍的孩子不会自主仿说，在这本书的后半部分你会学到让孩子开口仿说的秘诀，所以在填写评估表中孩子的仿说情况时不必焦虑。

回答问题/交互式语言

交互式语言是指回答问题的能力，或者能够补全短语或者填词的能力。当你问到颜色或者动物的名称的时候，孩子能说出来吗？在你唱出"一闪一闪亮晶晶，满天都是——"的时候，孩子能接上"小星星"吗？当你问到"你睡在——"的时候，孩子能回答出"床上"吗？

同样地，测试你的孩子是否能接上类似于"预备备，出发！"的短语，或者是否能够在没有视觉提示的情况下回答类似于"什么东西可以在天上飞"的简单问题。

你会在后续高阶语言技能的章节里面学到更多关于交互式语言的内容，现在重要的是在评估中记录孩子的交互式语言技能。

听懂/理解性语言

提要求、命名、仿说和交互式语言都是表达性的语言技能。而理解性的语言技能是关于孩子对于他人话语的理解程度以及在不依靠任何视觉提示的情况下对于他人指令的执行情况。对于理解性语言的评估会复杂一些,父母们也经常在这个过程中出现错误。

在卢卡斯被确诊之前,我有时会无意地测试他区辨身体部位的能力。我测试的方法往往是:边摸我自己的身体部位边唱那首儿歌"头、肩膀、膝盖和脚趾"。当我摸着我的头,同时唱到"头"的歌词时,卢卡斯可以很轻易地摸到自己的头,因为:(1)我总是把身体部位按顺序唱出来;(2)我同时在摸自己的头来示范。卢卡斯所做的只是模仿我的动作并记住歌词里每个词出现的顺序,而并没有真正理解这些身体部位的名称。在没有唱儿歌、没有人示范的情况下,要求卢卡斯指出一个随机选择的身体部位时,他是做不到的。

如果不是特别注意,专业人员也会陷入一些误区,更不用说父母了。

所以在评估表的这一部分,你需要在不提供任何提示的情况下来测试孩子的语言理解能力。例如他会对自己的名字做出反应吗?如果有,反应的频率怎么样?是每一次都会有反应吗?在你没有示范的情况下,他能够完成一些简单的指令吗(例如站起来或者拍手)?他能够自己指出不同的身体部位吗?一个保证评估准确性的好方法就是:坐在你自己的手上(确保不会给孩子其他提示),然后再说:"摸摸你的鼻子"或者"去拿你的外套"。

模仿

模仿是需要评估的尤为重要的技能之一,因为普通发育儿童大部分的语言和社交技能都是通过模仿学会的。在你的要求之下,孩子会跟随你的示范来模仿你的动作吗?例如拿着小车来回地滚动。当你拍着手说"这样做"的时候,孩子会模仿你拍手吗?你的孩子会自发地模仿你或者其他兄弟姐妹的行为吗?

视觉表现/配对技能

你的孩子可以做到将相同物品配对、物品和图片配对以及图片和物品配对这三项吗？孩子可以完成适合他年龄段的拼图吗？对于配对能力的测试，你可以这样做：在桌上放三个不同物品或者三张不同的图片，手里拿着一张图片或者一个物品，给孩子指令："把这个和一样的放一起"，同时将这张图片或者这件物品递给孩子。你可能需要稍微提示一下他：具体要求是将图片放在上面或者将物品放在旁边。即使你的孩子已经可以完成多块的分割式拼图了，也要记得测试一下他是否能完成镶嵌式的拼图（带托盘的）。虽然镶嵌式的拼图相对来说更简单，但是教授语言技能的时候会用得上。

社交和游戏技能

社交和游戏技能是特殊需要孩子的家长们非常关注的部分。在第七章我们会更详细地讨论这些关键技能的评估与教学。而现在，你只需要先把你的担忧列出来。你担心孩子的眼神吗？你的孩子对自己的名字没有回应吗？而且他也不会跟别人问好和拜拜？你会很担心他不会玩玩具吗？担心他不会分享玩具、不会玩假想游戏吗？

问题行为

我们通常会觉得大发脾气、攻击性行为或者自伤行为这些才算是问题行为，但事实上问题行为包括了所有给生活带来困扰和破坏的行为。例如，我的个案里面有个男孩儿，他会一直不停地要求去一家特定的餐厅。他的注意力很难从这件事情上面被移开。还有另一个个案，他很喜欢把吸管放进瓶子里，也会在好几个小时里面不停地将玩具排列起来。这就是我们常说的"自我刺激行为"。语言能力比较匮乏或者完全没有语言能力的孩子经常会出现这类行为。虽然这类行为不算是发脾气，但它们也是问题行为。所以在进行这个部分的评估时，需要把所有妨碍孩子学习和进步的行为都考虑进去。

孩子可以坐在桌子旁边跟你或者其他成年人完成简单的任务吗？当你用吸尘器的时候，他会尖叫吗？在洗澡的时候，他的表现是什么样的？在超市里面他想要糖果的时候，他会怎么做？

在你回答这些问题的时候，尽量多描述一些具体的细节，而不仅仅说成"发脾气"。在他的要求被拒绝，在他需要完成一项困难的或者不喜欢的任务时，他是会尖叫？会躺地？还是会打人、踢人或者咬人？当有很大的声响时，他会捂住耳朵吗？把你观察到的具体行为详细地写下来，因为这些行为会随着他技能的提高而变化，而你的记录可以帮助你来追踪他的进展。

视频记录

除了填写这一页评估表之外，我建议在制定计划之前再拍两条短视频（长度在 1~2 分钟左右）。

- 视频 1 拍摄孩子自己独立做着某件事情，没有其他人打扰的场景。
- 视频 2 拍摄你和孩子互动（或者你尝试着与他互动），进行一些教学活动的场景。

另外，如果你的孩子有任何问题行为或者你担心其中一些行为可能跟医疗问题（例如癫痫和痉挛）相关，我建议你拍一到两条短视频来记录他的行为基线（孩子在干预前的状态）。然后，把这些视频分享给专业人士。同样地，如果你的孩子有任何开放性的伤口或者疤痕是由问题行为导致的，拍一张照片并记录拍照日期，把它作为基线记录。

特别注意：在第三章里面提到你的首要任务应该是保证孩子的安全。所以如果记录的过程中无法保证孩子的安全，就不用强行记录。

基线语言能力取样

除了 TAA 评估和录两条视频之外，还有一项需要在制定计划之前进行的评估任务：基线语言能力的取样。你可以设置一个倒计时，10 分钟、15 分钟、30

分钟甚至 60 分钟。在这段时间里面，你需要记录日期、具体时间和你听到孩子发出的所有声音或者说的所有话。如果你进行多次的语言能力取样，你也许会慢慢发现孩子说话的特点，例如在早上或者在外出的时候说话比较多。

以下是一些语言能力取样的数据样本，来自三个不同孩子的记录。如果你孩子的情况比较像第一个孩子：暂时还没有任何的语言和发音，也请你不用焦虑。这只是一个简易的样本，而且你已经开始阅读这本书了，在未来你可以和孩子一起取得进步。

姓名：孩子 1　　出生日期：××年 9 月 15 日　　年龄：＿＿年＿＿月

1 小时—××年 9 月 15 日，下午 12:00-1:00，在客厅

没有听到任何语言或者声音

姓名：孩子 2　　出生日期：××年 3 月 20 日　　年龄：＿＿年＿＿月

15 分钟—××年 6 月 16 日，早上 8:30-8:45，在客厅

"Ba ba ba"（在伸手拿奶瓶的时候）

"噢"

"啊"

"妈妈"（在看到妈妈照片的时候）

姓名：孩子 3　　出生日期：××年 5 月 14 日　　年龄：＿＿年＿＿月

30 分钟—××年 9 月 17 日，下午 2:00-2:30，在室外

听到的话有：

"滑滑梯"

"推我"

"我想玩滑梯"

（在听到"预备备，＿＿＿＿＿＿"的时候说）"出发"

"打开"

"妈妈进去"

我理解你此刻很想跳过这一部分，直接开始学习"干货"的部分，这样你就能尽快学到如何着手进行干预了。我明白你很焦虑，希望尽快看到孩子进步。但是我强烈建议你在这之前先完成 TAA 的评估表格、两条 1 分钟的视频和至少一段简单的语言能力取样。这些评估的信息除了能帮助你制定干预方案（也就是接下来的内容）之外，还能帮助你留一份孩子现阶段情况的记录。

我建议在持续评估和更新方案的时候，定期地补充短视频和语言能力取样的记录。把所有填写的表格用文件夹保存起来，或者留存电子文档。这会帮到你很多，而你也会很乐意看到孩子一点点进步的过程！

建立你的自信心

我知道你可能会对于评估自己的孩子感到紧张，担心自己做不好。不用担心，你会在实践中学习。在你实施了干预策略并且看到成果之后，你会变得更有信心。不管怎样，你都在努力地给孩子清除成长路上的障碍，给孩子创造更多可能性。

在下一章里面，你会学到如何用 TAA 评估的信息来制定干预方案，这样你就知道要先教给孩子哪些技能了。

第五章

收集资料，制定方案

科迪的妈妈詹娜曾经是一位教师，所以当科迪刚开始显示出落后时，他妈妈就知道尽早干预是非常重要的。在一岁以前，科迪的发育落后就已经非常明显，尤其是在运动技能方面。最让詹娜担心的是，科迪到一岁了还不会翻身，也不能支撑自己坐起来或者站起来。跨学科背景的专业评估团队发现，科迪在多个方面都存在着发育迟缓，所以他需要不同的康复资源，包括物理治疗师（PT）、作业治疗师（OT）、言语语言治疗师（SLP）以及有发展学科背景的教师各一名。这些专业人员每周会去家里或者科迪所在的早托中心进行一小时的干预。

尽管同时有着这么多的干预资源，科迪却并没有取得很大的进步，甚至落后得越来越多。所以他在18个月大的时候，再次接受了一位儿科医生的评估。出乎父母意料的是，科迪被诊断为孤独症，医生建议进行ABA的干预。但是当时詹娜正怀着她的第二个孩子，也不知道去哪里获得ABA的干预资源，所以她只能继续之前的干预方案。六个月之后科迪去医生那里复诊时，落后部分的差距又加大了，医生坚决地建议必须进行ABA的干预。尽管科迪每周有四个小时的早期干预，在一岁的时候也明确了很多发展的目标，但他落后的程度却在持续加重。

有些孩子在多个方面存在落后，尽管有了干预方案和干预资源却依然没有明显进步，直到开始进行ABA的干预，情况才得到改善。科迪就是一个典型的案例。大部分发育落后的幼儿的家长不清楚各种干预的系统和方法，也不知道怎么才能帮助孩子赶上来。通常，其中的一位家长可能会拒绝接受现实（就像我一样），而一个简单的语言评估的等待期又会很长。

因为卢卡斯不像科迪这样有着明显的肢体发育迟缓，所以直到他快三岁时才接受了所有能力领域的全方位评估。尽管我们给卢卡斯制定了语言发育的目标，他也会每周接受针对语言缺陷的言语治疗，但他还是落后得越来越多，而且他与普通发育的同龄孩子之间的差异也是不容忽视的。

如果孩子的评估结果和他目前的能力落后让你感觉难以接受，我理解，因为我也曾经经历过。而开始赶上进度的最好时机就是现在。

从实际情况出发很重要。如果你的孩子目前三岁，但是能力还没有达到9个月或者12个月大的水平，那么类似于如厕训练和介词学习的项目就需要延后再教。如果孩子还不能爬或者站立，那教他走路就无从谈起了。所以你必须以孩子实际的能力水平确定他的干预方案，而不是以他的生理年龄。如果同时有专业人士参与，那么你需要确认他们也是从实际出发的。有时候，专业人士和父母都会给孩子制定太难的目标，而这会让情况变得更糟。在凯尔茜的儿子布伦特利刚开始接受干预的时候，他有着很多问题行为，既不会提要求也不会识别物品。但是他的治疗师却决定从辨认颜色开始教起，这远远超出了他的能力范畴。

类似地，卢卡斯在两岁时开始接受言语治疗，那时候他只会提出要泡泡水，这就是他的全部要求了。但治疗师并没有意识到卢卡斯在学习其他表达性语言技能之前需要先提高提要求的能力。治疗师当时试图让他理解"一个"、"一些"和"所有"的区别，以及"是"和"不是"的概念，但这些都是超出了他能力范畴的高阶技能。实际上，卢卡斯在多年之后才学会了这些技能。

如果你担心自己不知道从孩子的哪个技能开始干预，TAA 评估和计划方案可以作为参考。而这部分重要信息是需要同步分享给参与干预的专业人士的，你需要更加积极地为了孩子的需求而争取。请记住：你需要成为船长，确保孩子的时间能最大化地利用起来，确保孩子的能力能得到最大程度的提升。

如果你还没有进行第四章里面的评估、拍摄两个短视频以及语言能力取样，请返回第四章，将其完成之后再继续下面的内容。我会在这一章里面教你如何确保孩子的干预目标和计划是匹配他的个性化需求的。你将完成一份干预计划表格，并且学到如何创造更好的教学环境。我也会提供一份所需物品的清单。你还会学到如何进行关系建立和如何强化理想行为，这些策略对于你和孩子的共同进步都是至关重要的。

干预计划表格：长处和需求

完成 TAA 计划表格只需要 10 分钟左右。从 TAA 评估表格的第一栏开始看。如果你的孩子有安全问题，例如出走或者跑到马路上，那解决安全问题需要放在干预计划表的第一项。如果孩子不挑食，把这个长处记在第一栏。然后来到中间的那一栏，把孩子在提要求、命名等方面擅长的部分和需要干预的部分写在这里。

你可以在 TurnAutismAround.com 网站上找到空白的表格模板①，我同时还放了一张填写好的表格范例，这个范例是我给之前的一位个案费丝做的。费丝在两岁时被诊断为孤独症，但我在她三岁的时候才开始对她干预。她的第一张 TAA 评估表显示，那时的她拒绝坐在学习桌旁边，也没有任何的仿音或者仿说，还不能回答问题、唱歌或者配对物品。此外，她一天要躺地数十次。

但是费丝有一些很明显的优势，这些在她的评估表中都有记录。她想要自己最喜欢的那些物品时可以表达需求（提要求），还可以说出物品的名称（识别/命名）。她可以说 50 个左右的词语，可以自己吃饭，也可以整晚安睡。她绝大多数时候可以回应自己的名字。对于伴随着手势的指令，她也可以跟随。

当父母完成了 TAA 计划表格时，他们发现了费丝的长处和需求。然后他们制定了一个简单的方案来帮助费丝学习需要优先干预的技能。你会发现如厕训练也被放在了计划表的需求部分，但是因为费丝有问题行为（躺地），语言技能也需要提升，所以如厕训练被搁置了好几个月。

在费丝的案例中，长处比需求更多。而在你刚刚开始教学的时候，需求比长处更多的情况是很常见的。

我强烈推荐你使用文件夹和纸张打孔机来保存所有文件，就从保存评估

---

① 编注：可登录"华夏特教"微信公众号，获取相关中文在线资源。

表和计划表开始。随着孩子的进步，你需要每隔几个月就同步更新两份表格。保存这些表格可以让你回顾过去，看到孩子进步了多少。

现在开始，让我们一起为孩子创造一个适宜的学习环境。

TAA 计划表（范例）
玛丽·巴伯拉博士制作

孩子姓名：费丝　　出生日期：××年1月5日　　填表日期：××年4月20日
年龄：3岁2个月

长处	需求
• 可以说 50 个词语 • 可以提要求和命名 • 能自己吃饭 • 可以安睡整晚 • 在大部分时间对自己的名字有反应 • 有时能执行伴随着手势的指令	• 不能仿说/模仿 • 不能唱歌 • 不能配对完全一样的物品 • 每天会发脾气躺地好几次 • 需要进行如厕训练

计划
• 将学习桌和学习材料与强化物配对起来 • 每天在桌面进行学习 • 侧重于仿说控制和视觉配对 • 记录语言表达和问题行为的数据

准备你的桌面教学区域

在我们开始对卢卡斯教学时，我们把地下室用作了他的教室，但我们也需要做一些调整。为了创造最佳的学习环境，你需要找到一个干扰很少的空间。所以在选择跟孩子进行桌面教学的区域时需要格外注意。这个区域可以是家里一个单独的房间，也可以是某个房间里的一个角落，如果有可能的话，设置一道可以关上的门或者围栏会很有帮助。你可以选择使用孩子的卧室。

但如果孩子有睡眠问题，最好避开卧室。

在选好最佳学习区域之后，对其你必须加以"清理"。我说的"清理"，并不是指需要你拿着消毒湿纸巾来清洁。这个"清理"是指你需要把所有的干扰物都移除——尤其是那些孩子喜欢的东西，例如玩具，否则你就需要反复地阻止孩子离开桌面去拿玩具或者其他干扰物。使用围栏或者关上房门的原因之一就是：这样做可以避免"清理"整个房子。这一点在你刚刚开始桌面教学的时候尤其重要。

桌面教学的重要性

对桌面时间的重视是 TAA 方法与传统早期干预（EI）方法的核心区别之一。我开发了一套将特定材料和桌面流程配对的系统，来增加"好"行为：例如安坐、关注、说话、模仿、配对和跟随指令等。这不仅仅对于早期干预很重要，也为孩子将来的学习奠定了基础。

很多不熟悉 TAA 方法的早期干预师们建议：要"跟随孩子的引导"，要在地板上进行活动。这些在表面上看起来都更加地"适龄"。举个例子，如果你跟随着孩子的引导坐在地板上，在孩子从农场玩具里面拿出一头奶牛时，早期干预师可能会建议你把奶牛举到眼前，看看孩子会不会跟着你仿说"牛"。但是接下来你的孩子可能会站起来，跑到窗边。然后你可能会说："快看！一棵树！"但是这一次他也没有仿说你的话，又从窗边跑开了。接下来，他可能抓起一个最喜欢的玩具或者自己的奶嘴，在你的追赶中跑出了房间。

当你意识到问题的时候，已经过去了半个小时。而在这半小时里，早期干预师和你，尤其是孩子，都没有取得任何进展。对于发育迟缓的孩子来说，时间就是金钱，所以当你把桌面时间设计的有趣并按照结构化的方式去教学的话，你可以给孩子创造更多的学习机会，而你的孩子也能更快地取得进步。

以下是 TAA 方法有助于桌面学习的原因：

- 选择一个房间或者房间的一个角落来进行桌面时间，准备好桌面教学的专用材料，这样你和孩子能一起进行结构化的学习。
- 让孩子跟你一起坐在桌旁可以建立共同注意。当他开心地坐在桌旁并主动开始要求他最喜欢的物品、活动和你的关注的时候，他很快就会意识到你是那个总能带来好东西的人，而且学习也很有趣的！

- 配对、模仿、命名、拼拼图和大部分早期学习技能的教学在桌面上进行是更容易的。当孩子坐在桌旁的时候，你可以快速转换学习内容，这样也能有更多的学习机会。
- 接下来，你可以帮助孩子把在桌面练习的技能泛化到自然情景当中。这样孩子可以在洗澡的时候学习，可以在娱乐室学习，也可以在超市学习。

对于桌面时间来说，最重要的就是一定要有趣！我们希望孩子能急切地主动跑到或者走到桌旁，并且很愿意坐下来进入学习时间。你会在后续的章节学到更多让孩子爱上（或者至少不排斥）桌面时间的技巧。

准备教学材料

你为教学准备的材料应该放在单独的储物箱或者上锁的柜子里，确保孩子自己拿不到，只有在你教学的时候才能拿出来使用。拼图块和玩具的零部件需要被妥善存放在单独的袋子或者储物盒里面。如果这些物品他想玩的时候随时都能玩，那在学习时间想让他坐下来投入学习就会很困难。如果你的孩子年龄很小，或者喜欢把东西放进嘴巴里面（无论几岁），你就需要把所有细小的玩具零件和材料放在孩子够不到的地方，规避窒息的风险。

本质上来说，教学/学习区域应该包括桌子、椅子、教学材料和我们下面要讲到的强化物。

我建议使用儿童桌子和儿童座椅（至少一把）。实施教学的成年人可以坐在常规的椅子上、地板上或者沙发上这种离教学桌比较近的地方。桌子的尺寸很重要，因为要保证孩子的脚能放在地面上，而不是晃来晃去。但是应当要保证孩子可以自己靠近或者离开桌子，除非出于安全问题的考量需要适当限制孩子的活动。

为了让教学区域更有趣，想一想你可以使用什么强化物。我通常会建议准备两种吃的（切成小块）、一种饮料、一个电子设备以及一些孩子喜欢的玩具和书。

建议为桌面时间准备的一些基本材料：

- 儿童桌椅
- 强化物（零食、饮料、电子设备、泡泡水等）
- 一个鞋盒，顶部开大口，方便孩子能放闪卡或者图片进去
- 两套一模一样的认字卡
- 两套一样的家庭成员的照片和喜爱物品的图片（妈妈、爸爸、果汁、平板电脑等）
- "土豆先生"玩具套装，所有的零件分开放在透明的袋子里
- 三套及以上的嵌入式拼板
- 简单的因果玩具，例如敲敲打打（锤子和球），益智弹弹乐或者有机关可以弹出/按压的玩具
- 一套第一本单词书和一些简单的绘本（有大量图片，每页的文字不超过一句话）
- 两套完全一样的物品，每套六件（玩具车、勺子、杯子、碗、小玩偶等）

两套认字卡和家庭成员及强化物的图片同样会用在"鞋盒"和配对等其他的早期干预项目当中，这部分我们会在第八章中详细讨论。

购买认字卡的时候，尽量选择带有实物图片的，而且卡片正面没有字母或者单词的。如果你准备的认字卡上有文字，你可能需要稍微修改一下卡片。例如卡片上是一只猫，同时还有字母C，我建议用空白胶带遮住字母或者直接剪掉它。孤独症和发育迟缓的儿童可能会只注意到那个字母。

在印刷的卡片之外，还可以打印一些强化物的照片，例如果汁、平板、曲奇饼干等，还有家庭成员的照片，例如妈妈、爸爸、兄弟姐妹、宠物或者其他孩子经常接触的亲友等。每张照片记得多打印一份，这样后面你可以用同一套照片来教配对的技能。

很重要的一点是，要保证每张照片里面只包含一个人或者一件物品，没有额外的干扰信息。不要选择类似以下这些：孩子用果汁杯喝果汁的照片、

孩子和宠物在一起的照片、一家四口的全家福或者妈妈戴着头盔骑自行车的照片。这类照片里面有太多元素了，孩子可能会混淆。还有一点，要确保照片的尺寸足够大，内容清晰可见，而且目标物品位于焦点位置。

选择图片简单、文字较少的绘本。你可以在睡前时间选用其他的图书，但是在桌面教学时建议准备这一类绘本，并且将它们和其他桌面材料放在一起。

你会在后面的章节学到具体的教学技巧。我明白你非常急切地想学习具体技巧，但是在我解释如何使用这些材料之前，我希望给你一点时间来布置学习区域和准备学习材料。很重要的一点就是，你需要抑制住直接跳到后面的冲动，避免直接从你想教的技能开始。TAA 的课程设计是循序渐进的，调换步骤顺序会影响孩子学习的进程，这也是需要规避的误区之一。

关系建立和强化

"关系建立"是指使用孩子喜欢的东西（例如泡泡水、零食、你的关注等），在无指令的环境中把这些强化物"免费"给到孩子。这会让每个活动变得更加正向和有趣。当然，关系建立不是一次性的。如果你的孩子对穿鞋的任务很抵触，你需要注意将这个活动进行关系建立或者重新配对，来让活动更易进行。

在给强化物（喜欢的东西）之外，你还可以把所有外部的强化和社会性赞美相匹配，例如给强化物的同时对孩子微笑或者竖起大拇指，或者同时说"你太棒了！"在孩子成功的时候，你还可以鼓掌或者简单说一声"耶！"也行。在刚开始的时候，孩子每一次的小进步都需要给予强化。

多年前，有一个学生来观摩我给一个小龄的孩子上课。她很惊讶，让孩子参与到学习当中居然需要这么多的正向强化。听起来我是在宣扬过度强化，但我可以保证，这样的强化程度完全没有过量。这是帮助你的孩子取得最大进步的方法。

许多家长会跟我说，他们担心强化会变成贿赂孩子。其实强化和贿赂有着本质区别。贿赂是没有提前规划的，是一种对于问题行为的临场反应。例如，孩子在超市尖叫着要糖果，而大人在他尖叫的时候给他糖果想让他安静下来，这就是贿赂。尽管糖果会让孩子在超市安静下来，但这只是短效的改变，而且会让这个问题行为在未来变得更加严重。在孩子哭的时候给他糖果，这会让孩子觉得，只要他一哭就会得到好东西。所以这种在超市里面的贿赂只会强化你不想要的问题行为，而且这个行为几乎一定会蔓延到洗澡时间、睡觉时间和学习时间。

跟贿赂不同的是，强化是计划性的。类似于安坐、模仿和说话的好行为经常被强化，就可以促成长期的积极改变。而在贿赂的时候，孩子实际上获得了主导权，并且得到了他想要的东西。在强化的时候，主导权是在成年人这里的，当孩子"表现好"和出现理想行为的时候，你可以给予强化物。

所以在你计划并开始教学的时候，不要吝啬你的赞美，不用担心强化和表扬会过量。只要你不强化孩子哭闹和其他的问题行为，强化和表扬就不会对孩子起反面作用。

现在你已经完成了评估和计划的部分，而当你准备好桌面教学的材料时，就可以学习下面这项关键的策略了，并且你可以即学即用。

一项最重要的关系建立策略：使用"三连词"建立关系

在过去的二十多年间，我发现使用"三连词"策略对于建立关系极其有效，可以帮助提高孩子的说话技能。

在使用这项核心的TAA策略时，你需要慢慢地、夸张地把单个词语说出来，在给予孩子强化之前至少说三遍。我强调"至少三遍"，是因为如果第一次或者第二次在你说完之后，孩子就跟着你仿说了，你会很容易立即就给予强化。例如：如果你的孩子很喜欢香蕉，那你可以把香蕉切成很多小块。你先说三遍"香蕉，香蕉，香蕉"，如果孩子跟着你说"香蕉"或者发出近似音如"蕉"（或者其他近似音），立即给孩子一块香蕉。一两分钟之后，你举起另一块香蕉，在示范说"香蕉"或者给孩子香蕉之前可以停顿几秒钟，看孩子会不会主动提要求。最后，如果你的孩子已经出现了问题行为或者你在

贿赂VS强化

贿赂

- 没有提前计划
- 被动的
- 紧跟问题行为之后
- 通常会出现"讨价还价"
- 行为问题只是短效地有所改变，且之后变得更糟

强化

- 提前计划的
- 由成年人主导
- 紧跟好行为之后
- 伴随着口头表扬
- 使行为产生长期的、正向的改变

重复三连词的时候孩子已经心不在焉了，你可能需要加快你的节奏，或者改变一下你每次说单词的次数（例如从每次固定说三次变成每次说的次数不一样，但是平均三次）。

如果孩子的语言能力很有限或者还完全没有口语，尽量避免用完整的句子跟他说话，因为他可能不理解。一个词一个词地跟孩子说话，你也许感觉这像是在用宝宝语跟孩子说话。但是我发现，坚持用这种简洁的语言跟孩子说话，孩子的理解能力和语言能力能更快地得以提高。还有一点，单词里面音节的数量比短语或者句子的长度重要得多，所以需要注意使用音节比较少的词语，尤其是当你的孩子，完全没有口语的时候。

例如：你的孩子想要你抱她，就不要说："好的苏茜宝贝，我马上抱你起

来。"如果孩子的语言理解能力很有限,那这句话对于她来说就是没有意义的废话。在抱她起来之前,可以说:"抱,抱,抱。"在你开门的时候,说:"开,开,开!"当你把她从儿童座椅里面抱出来时,说:"下来,下来,下来。"

你可以在任何时间、任何场合使用"三连词"策略,甚至在你正式开始桌面教学之前也可以使用。这个策略能帮助你建立教学控制,也可以将单词和强化物配对,还能有助于提高孩子的语言技巧。

但是,请不要着急开始桌面教学,不要急着用材料来给孩子一大堆的新指令。请先阅读完接下来的几个章节再开始。想一次性地"解决"孩子所有的能力缺陷是不可能的,操之过急可能会适得其反。

在下一章,你会学到如何处理孩子发脾气和其他问题行为。如果你的孩子暂时还没有表现出明显的问题行为,也建议你仔细阅读。

第六章

解决情绪问题，让孩子开始学习

无论有没有发育迟缓，每个孩子都会哭、会发脾气。但是孤独症儿童通常会有更多的问题行为，尤其是那些有严重语言能力缺陷的孩子。这是因为他们不像普通孩子那样能很好地理解各种规则，也做不到使用语言来充分表达自己的需求。所以当我们跟孩子说"不"或者不断地对着孩子发出他们听不懂的指令时，他们就会发脾气。

在我们更深入地探讨如何让孩子停止发脾气或者停止其他的问题行为之前，很重要的一点是请确认你已经阅读了前两个章节，并且已经完成了评估表和计划表，这些都是非常重要的部分。另外，哪怕你认为你的孩子目前没有大的行为问题，也不要跳过这个章节。因为我会在这一章教你怎么清除学习路上的所有障碍，无论是让你头疼的"问题行为"还是其他障碍。

你已经知道凯尔茜的故事了，我觉得她的大儿子布伦特利的问题行为很具有代表性。我前面有提到，布伦特利等待了一年才排上了诊断的机会，然后又等了三个月才得到了ABA机构的干预资源。在这15个月里，他妈妈还没有接触到我的TAA方法。布伦特利会从她身边跑开、会跑到大马路上、会跑到水边，而且发生的频率非常高，凯尔茜觉得需要用胸背带和牵引绳来时刻阻止事故的发生。除了这些危险行为，布伦特利只要得不到他想要的东西，就会尖叫、躺地或者撞自己的头，每天都有百余次。ABA机构里面的行为分析师非常担心布伦特利的自伤行为（SIB），她甚至建议给布伦特利戴上头盔来预防头部受伤。

恰巧在执行戴头盔的建议之前，凯尔茜了解到了我的在线TAA项目。尽管凯尔茜为了诊断和干预资源排了很久的队，而且保险公司也已经开始支付

ABA 机构的费用了，但她仍然觉得去机构干预正让事情变得更糟，孩子也没得到任何改善。那个机构里面的治疗师没有使用她在我的课程里面学到的策略。在布伦特利还完全不能提要求，甚至连安坐几分钟、看教学材料都做不到的时候，机构的治疗师已经在教他认颜色了。凯尔茜有一种强烈的感觉，孩子的极端问题行为出现的原因就是：给他的指令太难了，而他得到的强化又太少了。

凯尔茜选择舍弃已有的康复资源是很需要勇气的，而且还是在保险公司负担了全部费用的情况下。但当时的她很清楚：为了儿子，她必须做点什么来扭转局面。几个月之内，布伦特利撞头的行为就从每天百余次降到了零，他爱上了学习桌，而且也不会再突然从妈妈身边跑开，在水边和马路上时也让大人放心了很多。

当然，并不是所有孩子都像布伦特利一样有着严重的问题。我的另一个个案，杰克，看起来就温和很多。在他刚满两岁并被诊断为孤独症时，我开始对他进行干预。在我第一次走进他家的时候，他手里抓着一根吸管，站在门边对着我微笑。

他的父母说杰克在大部分时间里都很开心，而且极少有问题行为。杰克很喜欢吸管，而且喜欢把吸管放进透明的瓶子里。他还喜欢把东西排成一条线。他没有语言，其他技能也很弱，他非常抗拒坐在学习桌旁边。我花了三节课总共六个小时，才找到了方法让杰克愿意走近学习桌并坐下！

在第一个月的每周咨询当中，我了解到杰克还有进食障碍和挑食的问题。只是看见糊状的食物都会让杰克大哭大闹。为了让杰克情绪稳定，父母只能准备他愿意接受的小零食给他。尽管杰克不像布伦特利那样有严重的攻击性行为和自伤行为，他的问题行为也同样阻碍了语言和社交技能的发展。

严重的挑食、每天花好几个小时把所有玩具排成线或者不停地把吸管放到瓶子里，你可能觉得这些行为都无伤大雅，但它们却是很现实的问题。在出生的第一年，孩子的大脑在持续"发育"。最理想的状况就是：孩子醒着的每一个小时（平均每周 100 小时）都是处于正向的、富有趣味性的环境中，来赶上社交和语言发育落后的部分，很少有甚至没有问题行为。

如果孩子有发脾气或者其他任何的问题行为阻碍着他学习新技能，无论这些问题行为是像布伦特利那样严重还是像杰克那样比较温和，解决它们都必须是你的首要任务。当孩子在发脾气、尖叫或者哭闹的时候，想教他任何技能都是不现实的。你可能觉得给孩子一个拥抱试图让他平静下来，或者把他抱起来带他离开触发问题行为的环境就可以解决问题。但是长期来看，这些策略一定会让问题行为变得更加严重。你要记住，孩子最终会长大，大到你抱不动他（或者你现在已经抱不动了），所以在问题行为刚刚出现的时候就立即解决掉是非常重要的。我们的目标是，对于排列玩具、哭闹或者哼哼唧唧的行为，我们尽量把它们发生的频率降低；对于危险的问题行为，例如打人、撞头或者躺地这些，我们需要把它们发生的频率降到接近零甚至完全没有。

在第四章里面，我提到了找到孩子的起点的重要性，以及如何快速地记录孩子的问题行为。在这一章，你将学到如何成为一个侦探，来找到行为发生的原因，这样你就能预防问题行为的发生而不仅仅是在发生后处理了。

记住，孩子是用问题行为在跟你沟通。你的第一反应可能是想给他一个拥抱、把他抱起来或者是直接给他想要的东西来让他停止哭闹。这可能在当下有效，但是长期来看，这会让问题行为变得更加严重。如果你和你的另一半、孩子的祖父母或者其他照顾者认为给孩子立些规矩可以解决问题行为，那你们需要知道，这个方法也会引起反弹。孩子在发脾气的时候已经处于沮丧和不安的状态之中，这个时候的惩罚和威胁大概率会让其行为变得更严重。

无论如何，孩子已经哭了或者正在发脾气，这就不是一个能做到"双赢"的局面了。你的这两种处理方法：对问题行为作出反应或者直接忽略，都有可能让问题行为大幅度反弹。

想解决问题，关键在于你要把95%的时间都花在预防问题行为上面。在这一章你会学到怎么尽量使用具有前瞻性的、积极的方法来解决问题行为。

请仔细思考一下这个问题：如果我给你1000美金，条件是你的孩子在一天之内没有出现任何问题行为，你会用什么办法拿到这笔钱？你可能会让孩子做一切他想做的事情。你可能会放任他无限制地吃曲奇饼干，而且一整天都看同样的视频。你不会要求他做任何他不想做的事情。他不需要洗澡、不需要穿鞋，也不需要跟家人一起吃饭。总之，你会给他无限量的奖励和非常少的指令。

尽管这听上去不现实，但这就是你预防问题行为发生的起点。你需要给孩子大量的他喜欢的东西，尽可能少发指令。当然，无论你多么努力地尝试，完全不向孩子发指令几乎是不可能的。你不可能让一个宝宝吃一整盒曲奇，或者让一个四岁的孩子光着脚去上学。但是总体而言，你需要在孩子"表现好"的时候及时关注，并且一整天里只要孩子没有出现问题行为，你就像"宠溺的祖母"那样给予他大量的强化物。在你学会教孩子沟通技能和把其问题行为降到零之前，尽量少说"不"，并且尽量避免给到孩子不喜欢的和困难的任务。

行为的功能

在我的第一本书《语言行为方法》和我的在线项目里面，我提到了行为的四种功能。有一点我认为我说明得不够充分，所有行为的发生（不仅仅是问题行为）都可以归因于四种功能里面的一种或者多种。

所有的"好行为"或者社会性行为，例如说话和模仿，以及发脾气和其他问题行为，它们的发生都有着同样的原因：

1. 为了得到物品、关注以及我们需要/想要的信息；
2. 逃避困难的或者不想做的任务；
3. 在没有其他事情发生的时候进行自我刺激；
4. 减轻痛苦和不适。

第一种功能是得到想要的东西。这是孩子有"好"行为（例如说"火车"或者"牛奶"）或者有"坏"行为（例如哭闹）的原因。孩子的这两种行为（说话或者哭闹）都可以得到你的关注，或者得到他最喜欢的东西。这个功能在孩子需要等待或者提要求被拒绝的时候很常见。拿布伦特利举例，他想要果汁，但是妈妈拒绝了，他就会开始哭闹和躺地。

第二种功能是逃避做某事。这是孩子跟你争辩、协商或者发脾气的原因。如果他的口语能力足够，他可能会跟你争辩，用恳求的口吻来要求在洗澡之前看30分钟的电视。如果他的口语能力比较弱，他可能会哼哼唧唧、甚至大哭。在这种情况下，你可能会决定把洗澡时间推迟半个小时或者允许他今天可以不洗澡。这样会让你的孩子学到：如果他通过争辩、发牢骚或者哭闹的方式来反抗，他就可以逃避洗澡（或者其他不喜欢的事情）。

第三种功能是获得感官刺激，这可能会导致好行为也可能导致坏行为。所有的休闲活动都可以给我们带来感官的满足。但是发育迟缓的孩子基本没有适龄的游戏能力，所以当他们没有事情可做或者没有得到正向强化的时候，就会出现问题行为。我之前的一个个案克里斯托弗，他每天都撞自己的后脑勺好几个小时，只是因为他很喜欢这种感官刺激。其他类型的自我刺激行为包括晃动身体、发出怪声、一再地排列物品，还有"复诵（刻板语言）"，这通常是指孩子会不断地重复特定的声音、单词或者短句，但是不理解这些词句本身。

第四种功能经常被忽略，本质上这是生理的和医疗的需求。一个语言能力完备的孩子或者成年人可以理解他们为什么需要吃药、打针。他们可以具体描述痛苦，并且主动要求用药物来减轻痛苦。有孤独症和严重语言发育迟缓的孩子却没有办法表达这些需求，所以他们在经历痛苦和压力的时候可能会咬自己的手或者出现攻击性行为。咬自己的手可以帮助减轻痛苦，例如头痛。这也许听起来很奇怪，但你一定在老电影里面见过在麻醉药问世之前外科手术的情景，病人咬住一块毛巾来减轻手术部位的痛苦。咬是一种众所周知的减轻痛苦的方法。

如果你的孩子存在一些自伤行为（SIB），例如撞自己的头或者咬自己，你需要立即寻求医疗的和行为的专业资源来进行评估和协助。虽然我在这一章里面尽量在简化对问题行为的处理，但实际上对严重问题行为的处理是非常复杂的。在尝试减少这一类问题行为的时候，你需要在专业人士的建议下采取措施来保护孩子、你自己以及孩子身边所有人的安全。如果当下没有立即发现孩子有健康问题，也需要持续关注。在你解决严重问题行为的时候，你同样需要降低指令的频率，并且在孩子没有问题行为的时候予以更多的强化。

虽然你不需要记录关于功能的数据，但是了解孩子行为背后的功能是很有帮助的。同样地，请记住：同一个问题行为可能有多种功能。例如：你可能会发现大部分时候孩子发脾气是为了逃避他不喜欢的活动，而在其他时间，他发脾气只是为了引起你的注意或者因为你拒绝了他的要求。

在许多现实的场景当中，我们每一个行为的发生都是由于多种功能。从一个非常偏好的活动转换到另一个困难的或者不熟悉的活动时，这种情况尤其常见。其中的一个例子就是，当我们告诉孩子"电脑时间结束了"（使用偏好物），然后接着说"现在去洗澡"（一项困难的/非偏好的任务）的时候，孩子会哭闹。但是不用焦虑——我会在这一章的后半部分提到对于活动转换的处理策略。

用 ABC 数据来评估问题行为

希望你能明白，问题行为的"起因"跟孤独症或者发育迟缓无关。在你帮助孩子（或者成年人）减少问题行为时，这些信息都是有用的。

先不论问题行为的功能，我的方法是你要把 95% 的时间花在预防问题行为上面。在这一章讲述的预防策略是为了让你的孩子在对他人的回应上、在学习状态上和在情绪上整体变得更好。在大多数情景里面，强化好行为会让问题行为的发生频率降低甚至有时候会彻底消失。

预防和解决任何问题行为的关键是：发现行为发生的模式。行为分析师们会使用"ABC 数据"这一工具，ABC 分别代表了前提、行为和后果。接下来我来教你如何使用这个工具。

在行为发生之前的触发事件叫作前提。有一些前提是你无法控制的，例如让孩子受到惊吓的火警警报。但是在大部分时间里面，前提都是你跟孩子说"不"或者要求孩子做他不喜欢的事情。普通儿童也会遇到这样的情况。但是就像我前面所提到的，孤独症孩子或者语言发育迟缓的孩子往往能力更低，无法理解规则或者后果，也不能跟你有效沟通他们喜欢什么不喜欢什么。

前提可能是你要求孩子穿鞋、洗澡，或者上车。我的个案安妮被要求去餐桌吃饭时就会尖叫。我的个案费丝在妈妈要求她穿鞋的时候就会躺地，要么是因为她自己不会穿鞋，要么是因为她不想去接下来要去的地方。我还有一个个案，名叫雅各布，每一次我们要求他从游乐场走到室内的时候就会引发他的问题行为。雅各布会大哭，有时候还会升级到自伤行为，例如用手打自己的头或者用手砸坚硬的表面。

ABC数据的"行为"部分，当然就是指孩子针对前提会做出什么样的行为。发脾气的行为具体是躺地？哭闹？尖叫？用拳头打自己的头？还是伤害他人？有些孩子可能会从大哭和发牢骚开始。通常情况下，如果孩子用轻度的问题行为得不到他们想要的东西时，他们会升级到躺地、撞自己的头或者攻击兄弟姐妹。

在你记录前提和行为的数据时，写清楚行为的具体表现形式是非常重要的，记得描述行为的细节。例如，写"发脾气"是不够的，你需要写清楚"发脾气"具体是什么样的。孩子发脾气的形式是躺地？尖叫？打你？还是打他姐姐？这个行为持续了多久？在不同情境下发脾气的时长会不一样吗？如果你的孩子出现了尖叫行为，记录下尖叫的音量和持续时间是非常有帮助的。如果孩子表现出"焦虑"，具体的表现是什么？他是在房间里面一再地走来走去？是把头放在桌面上还是变得呼吸急促？你不能实际地"看见"焦虑，但是你可以观察并记录孩子焦虑的时候出现的具体行为。

行为发生的地点和具体时间也很重要，因为行为可能会在每天的同一时间、同一个地点发生。这些规律可以帮助你找到对于孩子来说比较困难的任务、地点或者时间段。这些有关前提和行为的数据可能显示：孩子经常在午饭前或者只在午睡时间出现问题行为，这有助于你着重执行相应的预防策略。这个行为只在特定的环境下发生吗？还是在其他环境中也有出现？这些行为会在某个特定的人出现时发生吗？这些都是需要你记录的，因为这些信息会给到你更多的功能分析的依据。

后果是ABC数据中的最后一个部分，是指紧跟着问题行为之后发生了什么。有些后果会自然结束。一架很响的飞机从头顶飞过之后会消失，烟雾报警器的警鸣声最终也会停下来。但是我们在孩子身上看见的大部分问题行为是被成年人"人为终止"的。所以当你想到某一项你经常见到的问题行为时，我希望你也想一想这个行为通常的诱因是什么，以及你通常会做什么来停止这个问题行为。例如如果孩子发脾气躺地，你会走开吗？还是会把他抱起来？

后果可能会因为环境的不同而改变。如果你不需要去其他地方，那么你可能会选择忽略躺地的行为；但是如果你赶着去赴约，你可能就会采取措施来终止躺地的行为了。如果这个行为发生的时候，你的妻子/丈夫在场，或者是在早教机构里面，又或者是在学校，这些不同环境下的后果又会是什么？对于同一个行为给予不同方式的回应总是会"强化"这个行为，这会影响到孩子下一次遇到相同情况时的反应。例如，告诉孩子穿上外套，然后走到公交车站去接哥哥。当他听到这个要求时（前提），会大哭和躺地（行为）。由于你急着出门而不想让孩子的情绪变得更糟，你决定开车去公交站并告诉孩子他可以不用穿外套直接上车。为了让任务看起来更"愉快"，让孩子尽快从地上起来，你又告诉孩子他可以带一样他最喜欢的玩具。当下来看，这些措施也许是合理的，但是相信我，你的孩子已经学到了这些"招数"。下一次他不想做什么事情的时候（无论是穿外套、洗澡还是尝试新食物），他都可能会尖叫、躺地，因为这些行为之前让他成功逃避了任务。

从这个例子里面，你可以清楚地看到 ABC 数据是如何帮助你形成针对问题行为的预防策略的。下面是一份简单的表格样本，你可以参考它来进行 ABC 行为数据的记录。

ABC（前提，行为，后果）表格

日期/时间	活动	前提	行为	后果
行为是什么时间发生的	行为发生时在进行什么活动	在行为发生之前，是什么触发了行为	行为具体的表现	行为之后发生了什么，有什么后果
范例1： ××年1月8日 上午10:10	超市购物排队结账——看见了糖果	伸手去拿糖果，父母说"不行"	尖叫，躺地	给他买了糖果
范例2： ××年1月10日 下午5:00	晚饭时间	叫他来餐桌吃饭	大哭，说"不要"	允许他在客厅里吃饭

一月

周日	周一	周二	周三	周四	周五	周六
	01 上午七点半 头疼 服用了布洛芬	02 过敏疫苗 注射	03	04	05	06
07 晚睡时间： 晚上10点	08	09	10 早上4点醒了 哭/自伤行为 自伤行为-布洛芬	11	12	13 晚睡时间： 晚上11:30
14	15	16 下午2点 小闹了一会儿	17	18 M医生看诊 常规检查	19	20
21	22 H医生看诊 鼻窦炎 服用抗生素第1天	23 抗生素 第2天	24 抗生素 第3天	25 抗生素 第4天	26 抗生素 第5天	27
28	29	30	31			

日历系统

很多孩子在日常生活中的大部分时候都只是出现了低程度的、轻微的问题行为，偶尔地才会出现严重的问题行为，例如一周或者一个月才出现一次。卢卡斯直到六岁才开始出现严重的问题行为：自伤行为（用手打自己的头）和攻击他人。我记得他两岁起就再也没有打过其他人，所以当他在六岁时打我和他弟弟时，我是非常担心的。大约在同一时间，他还出现了突发的语言和肢体的抽动症状，最终被过敏及免疫的专科医生诊断为小儿急性发作神经精神病综合症（PANS）。幸运的是，我们知道了卢卡斯突然出现的极端问题行为是健康问题造成的，并且通过不断的试错发现：服用抗生素不仅仅解决了他的抽动症，还把他的自伤行为和攻击性行为降到了零。

也是在这期间，我研制了一套日历系统来帮助自己记录卢卡斯的医疗需求和问题行为。后来，我对大部分个案都使用这套系统来记录。

以卢卡斯的日历为例，除了记录他在一月十号早上 4 点的自伤行为之外，我还记录下他的药物/营养品服用情况，以及饮食的变化、疫苗接种、医生问诊以及医疗过程等。孤独症孩子有时候对药物会非常敏感，而他们的反应常常会通过大发脾气或者其他异常行为表现出来。

在很多时候，甚至连医学专家都会将问题行为误认为是孤独症或者发育迟缓的症状之一，而实际上问题的成因是身体上的疼痛或者其他健康问题。有可能连简单的头痛也会引发问题行为。例如，我的日历数据显示，每次当卢卡斯需要打疫苗时，他就会出现头痛和问题行为。如果你认为如厕或者睡眠问题可能导致了孩子的问题行为，你可以使用日历系统来跟踪这些问题。本书的后面会涵盖这部分内容。

我只会使用电子日历来记录自己私人和工作的事情，但是我会用纸质的日历来专门记录卢卡斯的医疗和行为数据。为了让卢卡斯的干预团队里面的每一个人都能在他的日历上进行记录，我们每次看医生都会带着日历，把它作为了解卢卡斯近况和调整用药的参考。我坚信，正是这个日历系统让卢卡斯的健康状况得以改善，以及将他主要的问题行为降到零。

所以在你收集所有数据的时候，记得对它们进行分析，找到行为发生的规律（包括主要和次要的问题行为发生的频率）。这些信息会帮助你来制定个性化的干预方案，找到问题行为的解决方法，并且有助于让团队里的每一个人达成共识。孩子的所有照顾者（包括你的丈夫/妻子、孩子的祖父母、保姆、言语治疗师和行为分析师等）达成统一的共识会大有助益。

除非你的孩子出现了极端的问题行为，这些行为会危害到人身安全并立即需要专业介入，其他的常规情况我建议在制定详细的干预计划之前可以先记录至少两到三天的数据，并且侧重在预防策略的执行。哪怕是问题行为已经发生了，你不得不采取一些事后应对的策略，你的主要目标还是应该放在下一次问题行为的预防上面。

你的计划和干预：一些预防性策略

通常你制定的一页 TAA 计划会包含以下信息：希望能提高孩子的语言、学习能力，希望能减少孩子的问题行为。好的一面就是，一个快乐的、学习投入的孩子会有更少的行为问题。就像我说过的，你应该把你绝大部分时间（95%）花在预防问题行为的发生上面，你可以尽可能地带孩子进行他喜欢的活动，可以安排固定的日程，还可以尽量多给予孩子强化。然后，再逐步地加入指令。

虽然理想状态是让孩子在醒着的每个小时都有事情可以做，但是在没有任何帮助的情况下，这几乎是不可能实现的。如果你的孩子有了明确的诊断，而且你生活在美国境内，那么目前美国所有的 50 个州都强制要求保险公司必须承担 ABA 干预的费用。你可以了解一下这方面的资源。但是无论你的孩子有没有诊断，你都需要让孩子"忙起来"。考虑一下有没有其他可以帮助你的人。你可以求助于孩子的祖父母、年长的兄弟姐妹、保姆，甚至义工，他们可以学习如何在保证孩子安全的情况下让孩子"忙起来"。我很清楚，如果那个时候没有卢卡斯的 ABA 治疗师，还有我的父母以及孩子保姆的帮助，我可能得承受更多的压力，尤其是在刚开始的那几年里。

你在前一章里面学到了"清理"环境是非常重要的，尤其是在准备桌面教学的时候。但是你还需要考虑：如何将密集的强化和日常活动"配对"起来。避免出现这样的情况：早晨的时间高度结构化，而下午的时间又没有给孩子任何安排（反之亦然）。那些没有安排的时间段就是问题行为的高发期。所以如果你需要洗衣服或者接个电话，你可以给孩子玩安全的玩具或者安排他看喜欢的视频。

请记住：如果问题行为发生了，那基本上都是因为指令难度太高了或者强化太低了。作为父母，你需要知道哪些指令对于孩子来说是难度过高或者很有挑战性的。在刚开始的时候，指令需要尽量简单、自然，最好不会让孩子察觉到这是一条指令。一点一点地增加指令的难度，同时做好强化和预防策略。

如何简化指令呢？例如：你想要孩子问好。事实就是无法强行逼着孩子说出"嗨"，但是你可以简化你的指令：让孩子挥挥手。通常，这对于孩子来说是更简单的任务，而且你可以边示范边轻轻地辅助孩子挥手。

如果孩子完成你要求的任务有困难，你可以帮助他。例如，如果孩子对你的指令没有反应，你可以帮助他把卡片放进收纳盒里，或者帮助他把积木拿开。如果你不能帮助他完成，那就不要发这个指令。发指令之前确认这个指令是孩子可以做到的。

虽然你不得不向孩子下一些指令，但是在孩子表现好的时候你需要成为"宠溺的祖母"。是的，我是说宠溺。记住，正向的强化是解决问题的关键！每一次孩子遵循你的指令时，使用激动的、夸张的语调跟孩子说"太棒了！"或者"耶！"或者"你做到了！"如果孩子喜欢的话，你可以鼓掌、微笑、竖大拇指或者跟孩子击掌。想一想有人夸赞你、给你正向反馈的时候，你是多么开心。孩子需要更多像这样的正面关注。我们的目标是每一条指令或者负面的语句搭配五到八件正向的事情。如果你发现自己经常说"不"或者"停下"，尝试着加入一些积极的东西，调整到一个更合理的正向和负面的比例。

在表扬和正向的互动手势之外，还可以考虑一下使用外在的强化物：小块的零食、小口的饮料、孩子喜欢的视频片段（你可以在电子设备上一次播放 10~30 秒）、泡泡水和孩子喜欢的玩具。这尤其适用于桌面时间，同样也可以帮助预防其他活动中的问题。

有些人不太赞同使用外在强化物，尤其是食物类和电子产品类。但是发育迟缓的孩子通常在社会赞美之外还需要这些外在的强化物来提高学习动机。你需要减少孩子的问题行为，尤其是那些突出的问题行为。这样你就可以开始孩子的教学了，并且让他有机会能改变生活的质量。如果，出于某些原因，你不能或者不想使用食物强化和电子产品强化，也不用为此焦虑。但是有一点很重要，就是你需要用到多种强化物，而不仅仅依赖于一种。

发育迟缓的孩子的喜恶往往很极端，无论是食物强化还是非食物强化。所以，制作一份清单，列出来你的孩子喜欢的食物、饮料、视频、音频、玩具和活动。还包括孩子喜欢的运动，例如在大龙球上面弹跳，或者在蹦床上面跳来跳去。你可以这样测试特定的强化物：把它们放在桌上，然后观察你的孩子会主动选择哪些。在你的清单上将强化物按孩子的喜好程度排列，这也是很有帮助的。

当然，总有些时候，哪怕对于最喜欢的强化物，孩子也会出现饱足，无论是糖果还是视频。另外，孩子的喜好也会随着年龄的增长而改变。这就意味着，对于强化物的评估并不是一劳永逸的，而是应该持续进行。作为父母，这对于你来说也是一个不断试错的过程。这样的变化也同样是数据记录很重要的另一个原因。

你还可以通过增加活动的趣味性来预防问题行为，无论是教学类的活动还是在日常生活中你需要孩子完成的任务（洗澡、吃饭等）。孩子可能不喜欢浴缸，或者水温对于孩子来说太高/太低了。你可以通过测试来了解孩子喜欢的水温，也可以通过泡泡沐浴露或者在浴缸壁/墙壁上贴磁力字母贴的方式让孩子爱上洗澡。还可以先不在浴缸里面放水，让孩子穿着衣服进入浴缸，对浴缸脱敏，慢慢地不再那么排斥。也许孩子只是不喜欢洗头发。留意孩子喜欢和不喜欢的事物可以帮助你发现真正的问题所在，并且找到预防他发脾气的方法。

我们在第十三章里面会更多地讨论关于洗澡、看医生和理发这些活动的脱敏。但是对于现在来说，请记住：不断地进行关系建立，让孩子爱上各项活动是预防问题行为的重要措施。

使用反应策略来"终止"发脾气的行为

虽然你在95%的时间里都专注在预防问题行为的发生上面，你仍然需要知道在剩下的5%的时间里面自己应该做什么，尤其当你不能阻止问题行为发生的时候。记住：如果孩子已经哭了或者正在发脾气，他是无法学习任何技能的。而且一旦孩子开始哭闹和发脾气了，就不再是一个能做到"双赢"的局面了。

当你的孩子为了要东西而发牢骚、大哭、抓人、抢东西或者躺地的时候，我推荐使用"嘘，命名，给（强化物）"的方法来"终止"问题行为。这个方法是我根据文森特·卡蓬教授（Vincent Carbone）的著作内容创建的。你可以将这个方法用在语言能力匮乏的孩子身上，还可以用于常规发育的婴幼儿身上，来帮助强化好的行为，减少哭闹和发牢骚。

- 将食指放在嘴唇上，发出"嘘"的声音来告诉孩子不要再哭了，要安静下来——或者直接忽略哭闹的行为直到孩子自己平静下来（如果行为暂时是安全的）。
- 在孩子至少平静了三秒之后（你自己默数），说出物品的名称一到三遍，例如"糖果"或者"糖果，糖果，糖果"，然后把物品给到孩子。

以下是使用这个方法的重要注意事项：不要在孩子出现问题行为的时候给他想要的东西。在说出物品名称并给孩子物品之前，你需要让孩子安静至少三秒，这非常重要。不用特意说明为什么孩子不能得到这个物品。不要提供其他选项。如果孩子一直在哭闹或者躺地，不要答应他过一会儿就可以得到这个物品。

如果你妥协了，进行了以上的任一项错误操作，你就会强化这个问题行为，然后孩子的哭闹就会加剧，而不是缓解！另外，如果你在一天中多次使用了反应策略，那么你需要更多地关注如何预防。

你应该使用隔离还是其他的惩罚策略？

惩罚是指在行为发生之后增加或者剥夺一些东西，从而使行为在未来发生的频率下降。隔离和其他惩罚策略在孤独症儿童和普通儿童身上经常被过度使用，所以我不推荐。首先，有一些惩罚（例如打屁股、限制孩子活动等）可能存在虐待、违反伦理甚至是违反法律法规的风险。另外，几十年来的研究都显示，所有的孩子和成年人在正向积极的环境中能学到最多，而不是惩罚性的环境。温和的惩罚措施例如冲孩子吼叫或者语言的责骂都可能让孩子疏远你、避开你。这与你跟孩子建立积极关系的需求是背道而驰的。

在孩子打你的时候打回去，是绝对不可以的。打和骂不仅仅会给孩子错误的行为示范，也可能构成虐待，而且这还可能会加剧孩子的问题行为，让情况变得更加糟糕。

那么隔离的策略可以用吗？对于我自己的两个儿子来说，我基本上不使用，在我成为行为分析师之前也是如此。而现在我强烈建议对所有孩子都应该避免使用隔离的策略。在大部分时候隔离策略不能解决问题，因为它是一项反应策略而不是预防策略。通常隔离的标准流程是 2 到 10 分钟的隔离，在这期间，孩子被带到了一个新的区域，在这里他可能会出现更多的其他的问题行为。在被隔离期间，孩子并没有学习到为什么他的行为是不恰当的，也不知道他可以做些什么来获得他想要的强化物。

还有些孩子可能会很享受被隔离的过程，尤其是隔离让他们逃避自己不喜欢的任务时。这意味着你可能在无意间强化了问题行为。尽管大部分父母甚至专业人士都认为隔离策略可以减少问题行为，但事实上它常常会变成让问题行为加剧的强化物。

让活动转换变得更容易

在这本书里提到的每一个孩子都经历过从偏好活动转换到非偏好活动的挑战。但老实说，我们谁不是这样呢？没有人会喜欢从自己喜欢的活动换到自己不喜欢的活动。

想象一下，今天天气很好，你躺在沙滩上，喝着冰镇饮料，读着一本很棒的书。按从 1 到 10 来打分，10 分代表你最喜欢的，你可能会把"躺在沙滩上"标记为 10 分的活动。然后，没有任何预警地，我突然靠近你说道："沙滩时间结束了，现在你得把重箱子搬到卡车上去。"你会喜欢这样吗？可能不会。你可能会跟我争论或者把沙滩椅摔在地上。你甚至会直接拒绝离开。

帮助孩子进行平稳转换的关键就是：避免要求孩子从一个 10 分的活动（非常喜欢的活动）转换到一个 2 分的活动（不喜欢的活动）。在孩子看电视或者玩玩具的时候，你告诉他到睡觉时间了，并且要求他把玩具收起来，这个要求可能会引发问题行为，因为他必须转换到一个他不喜欢的活动。

除了本章提到的预防策略和反应策略，以下还有 5 种方法来帮助孩子平稳转换：

1. **在问题行为发生之前，把你的"胡萝卜"（强化物）亮出来。** 在我儿子小时候，他非常喜欢海，在水里一待就是几个小时。为了避免问题行为的发生，我通常会用儿子喜欢的其他东西（例如比萨）来让他从水里出来。但很重要的一点就是：在你要求孩子转换之前就明确你的强化物。不要等到问题行为已经发生了再拿强化物去"贿赂"孩子。我会这样说："卢卡斯，比萨时间到！让我们上来，然后擦干吧。"

2. **不要强制把孩子从一个地方带到另一个地方。** 我不会强行把你从海边拖走来帮我运箱子上货车。也不要对孩子使用这个方法（哪怕孩子现在还小，容易被抱起来），除非是影响孩子安全的紧急情况下。

3. **在任何有可能的时候，提供选择。** 在沙滩的例子里，如果我告诉你自己需要帮助，并且问你什么时候比较方便帮忙运箱子，你可能会更愿意配合。你可能会说，等你喝完饮料或者读完这一章书之后就可以帮忙。我们每天会做很多选择，尤其在遇到不愉快的任务时。所以在进行转换之前，在问题行为发生之前，提前计划好，给孩子尽可能多的选择。

4. **采用"三明治"策略，将困难的任务放在两个偏好任务的中间，并且考虑使用日程表和计时器。** 尽量将孩子不喜欢的任务均匀地放在一天中的不同时间，并且放在两个偏好活动的中间。在困难任务的前后安排有趣的、孩子喜欢的任务。

5. **确保你的教学材料是跟大量的强化物相匹配的，并且尽量避免使用"任务"这个词。** 在我的经验里，"任务"经常被使用在年幼孩子的身上，尤其是在发育迟缓儿童的教学里面。但这个词往往跟困难任务联系在一起，毫无乐趣可言。所以这么多年来，我从来不在跟幼儿的互动中使用"任务"这个词，我建议你也可以这样做！相较于"现在是任务时间"，可以尝试使用"学习时间"、"妈妈时间"或者简单的"桌面时间"这一类的词语。

坚持下去

在你使用这些策略来减少问题行为时，给自己和孩子多一些耐心。问题行为的减少需要时间，但是根据我多年来跟大量孩子工作的经验来看，这些策略都是有效的。而你的方案是否有效也容易检验，因为如果有效的话，孩子的问题行为会减少或者消失。如果行为没有改变甚至加重了，那你就需要重新分析你的数据并调整方案了。

无论你采取什么样的措施，在孩子发脾气或者出现其他问题行为时，你都需要保持冷静。通过给孩子进行正确行为示范，他会更加明白恰当的行为应该是什么样的。然后，做一回"事后诸葛亮"，在问题行为发生后做好分析和计划，来预防下一次问题行为的发生。

在接下来的三章里，你会学习教授孩子语言和社交技巧，这些方法会让行为管理和教学控制变得更加轻松。在下一章，我们会讨论社交技能的发展，让你的孩子可以更加得心应手地跟成年人和同伴进行互动。

第七章

发展孩子的社交和游戏技能

在卢卡斯两岁的时候,我们给他报名参加了在我家附近的一项早教课程。这距离我丈夫第一次提出孤独症这个词却被我全盘否认的时间,已经过去了几个月。在准备送他去上早教课程的时候,我们完全没有提到任何关于孤独症的事儿。我们都认为早教的环境可以帮助他学会跟其他孩子进行互动和游戏,并且我们相信项目的流程和活动可以帮助他发展语言技能。

这个早教课程每周上两次课。因为卢卡斯和其他同班的孩子都只有两岁,所以课程的要求非常低,甚至没有包含如厕训练。跟其他孩子不一样的是,我在送卢卡斯去上学的时候,他完全没有分离焦虑;在跟同伴分享玩具方面他也完全没有问题,因为他根本不在乎玩具。如果另外一个孩子从他手里抢走了玩具,他也不会哭闹或者试着抢回来。

在刚开始的时候,因为他没有制造麻烦,所以看起来好像适应得很好。但是到学期中的时候,老师和校长建议我们应该针对卢卡斯的情况开一个专门的讨论会议。虽然在这次会议上他们也没有提到那个 A 开头的单词(Autism),但是他们有提到一些情况,例如:"看起来他大部分时候都沉浸在自己的世界里面。卢卡斯跟其他的孩子没有互动,在晨会时间他也对很多话题不理解。他的话比其他孩子少很多。"

最大的问题是,当班里的其他孩子要升到三岁班的时候,卢卡斯就明显跟不上去了。学校方面解释说,随着孩子年龄的增长,大龄一点的班级对于孩子的要求和期望会更高一些。例如,在三岁班里面,会要求孩子能独立上厕所,而且师生比从 15 个孩子 2 位老师减到了只有 1 位老师。校方告知我们,如果卢卡斯还是赶不上进度的话,他就不能跟其他孩子一起升到三岁班了。

我们回复学校,已经给卢卡斯找了言语治疗的资源,而且我们也在尽全力帮助他赶上进度。我们还提到,卢卡斯是一个"年幼"的两岁孩子,他要到七月份才满两岁,而其他孩子在秋季学期开始后不久就会满三岁了,所以同班的有些同学比卢卡斯大了快一岁。他们认同了对于"正常"行为的定义区间是比较广的,并且也认可,两岁半的孩子和三岁半的孩子在语言和其他领域的发展方面是存在明显差距的。尽管如此,被校长召集开专项会议来讨论儿子发育落后的问题,还是让我们倍感压力。

在那次会议之后,我丈夫比以往任何时候都更加坚定地认为卢卡斯有孤独症,而我也开始意识到卢卡斯的发育迟缓比我认为得要严重许多。也是在那段时间,我们的保险公司不再承担医院的言语治疗费用,所以我们另外请了一位早期干预的言语治疗师来到家里进行入户干预。但是我们并没有进行跨学科的评估,也没有告诉对方我们怀疑卢卡斯有孤独症。卢卡斯在两岁半到三岁的半年间只是接受了每周一小时的言语治疗,这是我们犯的另一个严重错误。这个错误耽误了卢卡斯的诊断和接受密集 ABA 干预的时机。我那时完全不知道卢卡斯需要 ABA 的干预。

最后,1999 年的七月,在卢卡斯三岁生日的前一天,他被诊断为孤独症。在这之后,我们接受了早教学校校长的建议,让他重读了两岁班的课程。后来我了解到"夏天出生的男孩们"在进入幼儿园之前经常会被"留级",这个情况在有孤独症或者其他发育障碍的男孩身上尤其常见。

卢卡斯在两岁班复读的时候表现很好。因为在这个班里师生比更低,他不会被要求独立上厕所,他也熟悉课堂流程,并且他很喜欢他的老师。还有一位 ABA 治疗师陪卢卡斯一起上学,这也更有利于他的各项技能在学校和家庭得到泛化。

被早教中心/幼儿园留级或者劝退

跟那个时候的卢卡斯相比,你的孩子年龄也许更大或者更小,语言及社交能力也许更强或者更弱。在早教中心/幼儿园里面,老师会把明显没有达到发育里程碑的(例如不能用敞口无盖的杯子喝水、不能排队、跟不上集体活动的）或者明显不能升班的孩子"标记"出来，这样的例子我看到过很多。如果你正在经历这样的事情（例如像我们家一样被"约谈"）或者你的孩子季度总结里面有一些分数很低，不用责怪自己，也不用责怪孩子。如果一个有着早教背景的人向你提出，或者有家人、朋友指出，你的孩子可能有些发育迟缓，你需要敞开心扉听取他们的建议，并且重视起来。你需要认真对照着第二章的内容来掌握儿童发育里程碑的能力点以及那些预警的信号。

有些孤独症/发育迟缓的孩子甚至会被早教中心或者幼儿园"劝退"，这种情况一般是孩子的发育落后太多，或者是孩子出现了攻击其他孩子和老师、毁坏财物的问题行为。虽然你的孩子咬了其他孩子，但这不代表他是个"坏"孩子，这些行为代表着他现在遇到了挑战，需要帮助。这个时候需要的是更多的评估和干预方案，而不是责罚谁，不要责怪孩子或者责怪你自己。

评量一项早教课程/幼儿园课程/ABA 项目是否适合孩子

你的孩子也许正在上早教课或者正在接受行为干预，而你想知道这些课程是否适合孩子。或者你希望在家庭之外的环境中，孩子也能进行学习。如果你正在评量早教中心、幼儿园或者特定的 ABA 机构是否适合孩子，你需要考虑以下几条准则。

当然，安全性是第一位的，而且是最重要的。考虑到孩子已有的问题行为，他在这个环境里面安全吗？这个学校/机构里面会有专人来看护孩子吗，不会让他离开安全区域、不会让他一整天都在自我刺激、不会让他有自伤行为？

观察孩子在机构/学校里的状态，观察他是否开心。如果你的孩子已经在参加某项课程了，他去这个机构/学校的时候开心吗？会不情愿上学吗？孩子在校期间不应该出现大量的问题行为，尤其是在每天到达学校的时候。如果孩子不愿意上校车，或者在走进学校的时候开始尖叫、哭闹，那么这个机构/学校可能在教学中没有使用正确的强化方法，或者给孩子的教学指令可能对孩子来说太难了。

观察老师在日常教学中是否会大量使用负面的语言，例如"停下来！不准做!"之类的。"如果你们不能一起分享蹦床的话,我就要把它收起来了。"他们会这样说话吗?这类话语是一大危险信号。确认老师在预防和处理问题行为的时候,是使用正向的语言和语气来沟通的。观察老师有没有使用类似的语言:"我喜欢你们互相分享""耶!来击个掌吧""这真是太棒了",等等。就像我之前提到的,你的孩子(也包括其他孩子)需要 5 到 8 句正向的语言来抵销每一句负面语言的影响。

仔细看一下课程安排表。课表里面有具体的结构化教学时间吗?或者课表里面会出现大块的"自由活动"时间吗?普通孩子和发育迟缓的孩子都需要大量的结构化教学和直接教学,也需要通过明确的数据来判断他们所取得的实际进步。

如果你的孩子需要一对一的 ABA 干预、言语治疗或者其他干预,在这个机构/学校里面有这些资源吗?或者这个机构/学校允许外来的资源进到教室里面支持你的孩子吗?这个机构/学校里面的老师是怎么为孩子制定教学内容的?他们会注重逐步的引导,并且会侧重新活动的"配对"吗?老师会鼓励并创造机会来让孩子进行沟通、提要求吗?他们会怎么记录相关的信息和数据,从而跟踪孩子在校的学习进度和日常表现?这些信息和数据会通过怎样的方式共享给你或者共享给其他的相关人员?

家校沟通应该是积极的、信息透明的和双方协作的。如果学校的反馈只是一张反馈表上用笑脸表示今天表现很棒,用哭脸表示今天表现不好,这是远远不够的,你需要更多信息。你需要知道更多细节:孩子今天学了什么、孩子今天进展怎么样、孩子今天有没有出现问题行为等。这些细节可以告诉你目前的课程和干预是否需要调整。

总体来说,你需要寻找这样的学校:教职员工能保证孩子的安全、老师能按照恰当的顺序有计划地教授技能、孩子问题行为的发生频率处在较低范围。这是你为孩子选择符合他需求的学校和课程的准则。而孩子的具体需求还要你结合评估结果和干预计划来确定。

仅仅让孩子多跟普通孩子接触,这是不够的

在过去二十多年间,我遇到了很多家长,他们相信只要让孩子多跟其他

孩子接触总是有帮助的，而且多多益善。但是作为一名行为分析师，我发现如果孩子本身的语言表达和理解能力不够好的话，送他们去早教中心或者幼儿园可能不会有任何帮助。在有些案例里面，这种做法只是在浪费时间，而时间恰恰是孩子最重要的东西。

对于大多数孤独症或者发育迟缓的孩子来说，把他们和其他孩子放在一个教室里面，是不足以帮助他们学习社交技能的。大多数语言发育落后的孩子，无论他们有没有孤独症的诊断，都需要更加简明扼要的教学方式，他们首先需要从成年人（父母或者治疗师）的直接教学中学到这些技能，然后才能尝试将这些技能用在跟其他孩子的交往中。他们必须先学会平行游戏以及一些其他的独立游戏的技能，然后才能在结构化的小组中进行学习。

我对亚当开始干预的时候，他四岁。偶尔他会"冒出来"只言片语，但整体上他是没有功能性的口语表达的。他那时已经被正式地诊断为孤独症，在一所特殊教育的幼儿园上学，每周上学四天。尽管他已经在这所强调"语言行为"的特殊幼儿园上了一年学，但是这一年内，他在语言、模仿以及配对等技能方面没有取得任何实质的进步。我知道这个情况后很惋惜。当我进一步对亚当的情况进行仔细评估时，我发现这所特殊教育幼儿园的老师们并不具备正确使用 VB-MAPP 的能力，也不具备提供密集一对一干预的资质。课表里面虽然有许多的小组活动安排，例如到校时间、点心时间、圆圈时间、手工时间和自由时间，但是亚当并没有使用和学习语言的机会。他们确实有记录一些有关学习的数据，但是图表上全部都是平坦的直线。在过去一年多的时间里，亚当没有取得任何进展。

在每周不用上学的那一天，亚当的妈妈给他报名了一个普通儿童的早教中心，他妈妈希望他能够跟其他的孩子多接触。但是因为亚当没有任何的语言和沟通技能，所以他跟其他的孩子没有任何交流。亚当也不具备模仿的技能，所以他也无法在圆圈时间模仿其他孩子的行为，也不能在游戏时间加入其他孩子一起游戏。在评估期间，亚当甚至出现了舔墙的行为，他在那个环境里面没有任何的支持，也不能融入集体活动。尽管在这个早教中心里，也有一位老师跟他进行一对一的教学，但是这并不能帮助他跟别的孩子进行社交。他完全不具备在那个环境学习所需要的语言、模仿以及游戏技能。

有些孩子不会像卢卡斯那样乖乖坐在椅子上，还有可能像亚当那样出现舔墙的行为。我之前的个案托德，在我被安排去评估的时候，他正在上四岁班，而且正处在被学校劝退的边缘。他没有任何的诊断，也没有接受过任何的早期干预，而且从表面上看，他的语言能力是正常的。但是他被贴上了"坏孩子"的标签，而且同班的孩子都很害怕他突然发脾气。托德的父母完全不知道接下来该怎么办，所以他们付费让我来进行评估。

我发现了托德在语言和社交技能上的缺陷，还发现了学校环境里面正向强化的缺位以及隔离策略的过度使用。我将托德转介给一位儿科医生和一位言语语言治疗专家来进行更全面的评估。他被诊断为注意缺陷多动障碍（ADHD），并且言语语言的测试结果显示他需要进行每周的言语治疗。

幸运的是，在对老师进行了一些培训之后，托德顺利地完成了那一年的学习。在年中的时候，他不再被每天"隔离"，而且他开始使用恰当的语言来进行沟通了。其他的孩子也不再害怕他了，他跟几个小伙伴一起升入了学前班，这样他在进入幼儿园之前可以有额外一年的学习时间。

如果你的孩子还不会玩玩具、不会模仿，也不会用语言跟大人进行交流，如果不是别无选择，我不建议你把孩子送去早教中心或者幼儿园上全天班。当然，如果因为你的工作时间或者其他原因不允许，你不得不把孩子全天放在早教中心或者幼儿园的话，那你可以安排一些早期干预或者 ABA 的资源在幼儿园里面给孩子进行一对一的教学，每天至少要保证一定的一对一的时间。

在卢卡斯被确诊之后，我们在他两岁半时让他复读了一年，因为他习惯了原来课程的日常流程，也很喜欢去那里上学。他没有出现过攻击他人或者毁坏财物的行为。那个课程每周仅仅有四个小时，而且还有一位 ABA 治疗师全程陪同，来做他的"影子老师"。在每周的那两个早晨里，治疗师可以直接看到卢卡斯的情况和需求，从而决定在家的一对一时间里要教授什么内容。这位治疗师还可以保证卢卡斯的安全，提高他的课堂参与度。

早期的社交技能包括"共同注意"，这是指在看向某件物品（例如毛绒玩具）的同时也能跟其他人分享自己的关注点，或者能够跟他人一起进行某项活动。共同注意的其中一个例子就是：一个宝宝在飞机飞过头顶的时候指向天空，想把飞机"指给"妈妈一起看。宝宝不仅仅是在看向和指向天空的方向，他还在试图引起妈妈的关注，让妈妈跟他一起看飞机。

共同注意在孩子9个月左右的时候开始出现，到18个月的时候应该发育得比较成熟了。孤独症和发育迟缓的孩子常常在共同注意方面比较欠缺。

跟成年人和其他孩子的社交还需要一定的语言能力，尤其是当孩子到了学走路的年纪，大概一岁左右的时候。如果你希望孩子能有更多的社交，那么教授语言能力就是解决问题的关键。这一章会教你评估和教授社交和游戏能力，接下来的两章会帮助你教授孩子早期的以及更高阶的语言技能。语言能力的发展也能促进社交的发展。在你继续阅读本章节的时候，你会发现语言和社交技能是如此密切相关，以至于很难将它们彻底区分开来。

社交技能的评估

这两项是父母们在社交技能领域常犯的错误：第一，无法正确评估孩子当前的社交能力水平；第二，期望着孩子与常规发育儿童的社交水平一致。这也是在制定计划和开始干预之前，一定要对社交能力进行评估的原因。

除了根据里程碑和孩子的生理年龄来判断孩子在社交领域的实际发育年龄之外（正如我们在第二章里面提到的），TAA评估表格中还有一个部分是用来帮助你评估孩子的社交能力和社交需求的。如果你的孩子在过去的一年里面还做过其他任何的评估，我建议你也可以把这些评估报告、能力检核表和评估量表等资料拿出来一起看。这些评估资料也许可以体现孩子的标准化评估得分、长处和需求等信息，有助于你进行TAA的评估和计划的制定。我知道，自己孩子的能力落后了一年甚至更多，这挺难接受的。但是为了制定最适合孩子的计划，你需要先找到真正的开始干预的起点。

下面我总结了一些幼儿和学龄前儿童的社交和游戏技能的关键里程碑。

社交和游戏技能的关键里程碑

到18个月大时，大多数幼儿可以理解"不/不要"，并且开始通过摇头或者摆手的方式来表达不要。他们可以觉察到房间内其他人的存在，也会注意到有人进入或者离开房间。他们可以跟其他孩子一起坐在沙盒里面玩耍，尽管这个年纪的孩子更喜欢自己独享玩具。但是他们已经开始模仿其他孩子的行为了，例如跟随他人进入玩具屋。

大多数肢体和运动技能发育正常的孩子到 18 个月大的时候，已经可以独立操控物品了，也可以自己按玩具开关。他们通过操控不同的玩具（例如球、积木和圆环）来表现出不同的游戏玩法。新玩具出现时，他们很可能会优先选择新玩具而不是那些已经熟悉的玩具。孤独症或者发育迟缓的孩子，反而会经常只玩同一个玩具。

大部分 18 个月大的孩子开始探索运动类游戏，例如跳跃、攀爬、摇摆、荡秋千和跳舞。他们开始玩益智弹弹乐和推拉的玩具，还开始把盒子里的玩具全部倒出来。但是倒玩具很容易变成问题行为，特别是这个行为出现的频率过高或者在两岁之后还在出现的时候。卢卡斯过了三岁之后还非常喜欢把收纳盒和抽屉里面的东西反反复复地倒出来。

大多数常规发育的儿童在 18 个月和 30 个月之间会开始在社交游戏中把玩具递给他人。然而到两岁时，孩子们会更多地拿着玩具在其他孩子身边玩，并且开始邀请其他人一起玩游戏。他们会开始玩假想游戏，例如给玩偶喂食、拉着小车、梳自己的头发、把电话放到耳边以及用玩具车来假装堵车或者撞击。他们会寻找玩具里面缺失的部分，例如某一块拼图或者玩偶娃娃的奶瓶。他们会开始把一个碗假想成鼓，或者把一个盒子假想成一辆车。

在两岁之前，大部分孩子会开始跟其他孩子互动，例如用小推车推着同伴或者跟同伴手牵着手。他们会向其他的孩子提出简单的要求，例如"推我"，"看"或者"快点"。反过来，他们也会通过眼神、跟随动作回应其他孩子，或者在其他孩子要求帮忙的时候搭一把手。

进行社交和游戏技能评估时，孩子在儿童游乐场的玩耍时间也是一个不错的评估时机。如果普通游乐场的设施对于孩子来说太大了，可以去那些专门为幼儿设计的游乐场。

在幼儿园或者小组的环境里面，这个年龄段的孩子们通常可以集体安坐几分钟，没有问题行为；也可以进行活动的转换，不需要很多额外的提醒；也可以跟随集体指令，例如"如果你戴着红帽子，请站起来"。

在 30 到 48 月龄的时候，普通儿童应该发展出友谊的概念，朋友哭的时候会表达关心。他们可以理解"我的"和"你的"。他们会开始参与假想游戏，例如换装游戏、假装做饭或者用自己的玩偶们来假装开派对。他们可以投球，并且连续尝试几次直到进球，也可以挥动球拍去击球。他们可以操控有多个机关的玩具，例如按钮和杠杆。他们可以完成三到四块的拼图，也可以用六块及以上的积木来建塔。

大部分常规发育的三四岁孩子会更多地跟同伴合作，例如拿着一个小桶让另外一个孩子往桶里放沙子，或者在沙盘桌上、在儿童厨房里面跟其他孩子一起玩游戏。在这期间语言技能也会越来越多，例如他们会开始提问和回答，使用"特殊疑问句"，例如"你去哪里"和"你在干什么"。

学龄前儿童还可以在小组中吸收新知识和学习新行为，例如圆圈时间，老师会给大家读关于红绿灯的交通主题绘本，或者唱日历歌。多数孩子在这些活动中学到知识之后可以立即在其他环境中泛化和使用，不需要一对一的额外教学。

三到四岁之间的孩子通常可以自己独立玩 10 分钟，不需要大人的参与和提示。当然，孤独症孩子也可以独立玩 10 分钟，只不过是在刻板重复地操作物品，而没有出现功能性玩法。如果你觉得你的孩子符合这个情况，也不用气馁。自我刺激也是孩子探索世界的方式，他们也还是在进行物品的操作。只要你教会孩子一定的语言和游戏技能，他们的玩法也就不再受限。

评估

我了解，读到关于所有这些关于里程碑的内容会让你倍感焦虑，特别是当你发现自己的孩子社交能力发展远远落后的时候。但是了解孩子的强项和需求是改善孤独症（或者发育落后）的第一步！我有见过很多孩子在父母的积极引导下在各个方面取得了巨大的进步。你主要的长期目标之一就是让你的孩子能尽快在集体中学习，越快越好。即使你的孩子现在需要一对一的密集支持，但是要记住，最终他是可以适应集体学习的。

除了完成 TAA 的社交技能评估、填写松德博格教授的自理检核表、熟记你读到的常规发育里程碑之外，我建议你还要仔细查看那两段有关基线能力的短视频。

我们在第四章讨论过短视频的拍摄，而现在到了回顾它们的时候了。为了以防你还没有拍摄这些视频，或者视频是很久以前拍的而你想重新拍摄，以下是一些供你复习的要点：两段视频都应该是一分钟左右时长——其中一段展现孩子单独玩玩具的情景（尽量在隐秘的条件下拍摄这段视频，不要跟孩子说话），另一段展现你在桌面或者在地板上拿着玩具试图跟孩子互动的情景。回看这两段视频可以帮助你确定孩子在社交方面的强项和需求。

有很多次，在我帮助父母分析这些一分钟短视频的时候，我都会看到同样的问题。在孩子独自玩耍的那段视频里，我经常看见视频里的孩子在反反复复地玩同一个玩具、反复地搭积木或者排列物品。有些发育迟缓的学龄前儿童甚至会来回地玩着同一个娃娃，嘴里重复着某个影视片段中的台词。

有个孩子在视频里把行星的图片按顺序排列起来，并且依次念出每一个行星的名字，这个孩子在两岁时被诊断为中重度孤独症。虽然在有些父母甚至专业人士看来，命名行星似乎是一项高阶的技能，但是这种行为却完全不具备功能性。连续几个小时的刻板游戏或者在独处的时间里不断地重复某段视频里的台词，会加大社交障碍的程度，让孩子落后得越来越多。

我分析过的亲子互动视频里也出现了类似的问题。在父母们学习我的方法之前，他们通常会努力地教孩子认字母、数字、颜色、形状等。前面提到的那个念行星名字的小男孩儿并没有很多的功能性语言，但是在他妈妈拍摄的一分钟视频里，他妈妈却在重点教他认字母。在孩子还不能表达自己的需求也不能识别常见的物品和人的时候，就过度地关注学术技能的教学和教他行星的名字不会有帮助。

制定计划

在第五章里面，我们讨论了制定计划，收集材料，用小桌子来创设一个学习的区域。现在你又学到了有关社交技巧的新知识，你可能想要回顾和调整你的方案。如果你的孩子缺乏与他人的眼神交流、不能用手指物，也没有表达性和理解性的语言，那么教他礼仪和假想游戏是没有意义的。尽管孩子的生理年龄已经到了三四岁，但是如果评估的能力水平只相当于 18 月龄的宝宝的话，你可能还是需要拿出适用于 18 月龄的玩具来跟他互动。这样无论是在桌面时间还是一天中的其他时间，你都可以教授孩子社交和游戏技能了。

如果你的孩子正在进行早期干预或者 ABA 干预，那么在这期间也会有相应的学习目标。既然你对评估和干预计划进行了调整，你就可以跟参与了孩子干预的专业人士们一起来审核之前制定的目标是否匹配你的最新评估结果。我发现标准化的、模板化的目标并不是万能的。目标的制定必须基于孩子的实际能力，讲求个性化。

干预：基础的社交技能

我在前文提过，社交技能无法单独教学。我的 TAA 方法会帮助你对孩子多个领域的能力进行同步干预，例如社交游戏、语言和问题行为等领域。如果孤独症和发育迟缓的孩子想要提高社会性，就需要进行系统性干预，而这种系统性干预一定是基于孩子的能力评估结果的。

教"眼神交流"

虽然缺乏与他人的眼神交流是大多数父母迫切想要解决的问题，但是眼神交流是没有办法直接教学的。这个部分的教学会随着其他技能的教学变得更加自然。在桌面时间，不要直接要求孩子看向你，要让他坐在一个面向你的位置，而不是面向墙的位置。还有，任何时候都尽量俯身或者让自己处于与孩子平视的位置，让孩子能更加轻易地看向你的脸。然后将孩子喜欢的东西、玩具或者是人和物品的卡片举到你面前靠近嘴的位置。通常，我会把物品举到我下巴的位置，然后用兴奋的语调来引导孩子看向我的脸和物品。例如：你可以举起一瓶泡泡水，说："泡泡（水）！"尽量吸引和鼓励孩子看向你，但是永远都不要使用强迫的方法。

教"用手指物"

我在第二章有提到，18 月龄时，如果孩子还不能用食指指物来要求物品和获取关注，可能是孤独症的早期症状，或者至少是语言发育迟缓的信号。

用手指物的情况分为两种。例如用手指着曲奇饼干表达想要，这是祈使性的指向；而指向某件物品或者某个活动来获取他人的关注，例如指向飞机，这是陈述性的指向。有些发育迟缓的孩子还没有用手指的技能时，会直接拉你的手来提要求或者获取关注。这种"拉手"的表达方式也可能是孤独症的预警信号。

多年以前，在我以治疗师的身份对奇诺和马克斯进行干预时，我通过不断的尝试和探索发现教孩子用手指物并不是想象的那么困难，并且根据我的经验总结了一套系统的方法。你可以在任何时候、在任何地点教授这项技能。当你完成了下一章的学习，学到了如何将桌面教学和偏好程度高的强化物配对之后，你还可以在桌面时间教孩子用手指。记住，强化是让孩子维持动机的关键因素，所以时刻记得在教授这个技能时使用偏好程度较高的强化物。

教孩子用手指之前，先确认孩子的惯用手是哪只。在测试惯用手的时候，我会把孩子喜欢的东西，例如零食和饮料，放在他面前，并且放在他两只手中间的地方。通过10个回合的测试，观察孩子会用哪只手来拿取物品。这是万无一失的傻瓜式操作方法。你也可以在其他的场景中进行观察，然后尽你最大的努力来确定孩子的惯用手。如果孩子偶尔会用另一只手去指物也是很正常的，观察最常用的是哪只手即可。这并不是让你强迫孩子去使用特定的哪只手，而是让孩子能更轻松地学习用手指物的技能。

从"触摸式指向"开始教，并且从指向孩子面前的物品开始。在教学桌上，你可以使用书、闪卡或者平板来教学。举起教学材料的同时指出图片中具体物品的名字。例如你举起了一张鸭子的卡片。拿起孩子的惯用手，引导孩子碰一下这个物品，同时说："看，鸭子！"在引导孩子的手的时候，不一定要强制把孩子的手指掰开，只要手碰到物品即可。

然后用口语要求孩子指一指，"鸭子在哪里呀？"当孩子慢慢开始理解这个任务时，可以降低辅助的程度，轻轻地提示孩子触摸卡片。

在孩子掌握了触摸式指向之后，可以开始尝试让孩子指向稍微远一些的物品。当孩子坐在椅子上的时候，你可以站在他的身后并将一本书举到他面前，说："让我们指一指书！"如果孩子没有主动用手指，你可以抬起他惯用手的手臂，用你的手轻轻地辅助孩子伸出食指、攥紧其他手指，然后指向那本书（孩子的大拇指不一定要完全收起来）。

然后把书放在桌面上，从书里面找到某个图案，例如一只大象。接着把书重新举起来，放到孩子眼前，说："让我们指一指大象！"同样地，如果孩子没有主动用手指，重复以上的辅助方法，抬起孩子的手臂，用自己的手辅助孩子将食指以外的手指弯曲，然后指向大象。你可以紧接着给予口头的强化："太棒了！"

利用日常生活里面的每一个教学机会，跟孩子在后院玩的时候，有飞机飞过头顶，你可以说："指一指飞机！"你还可以指向孩子的兄弟姐妹，说："指一指哥哥！"也许孩子的语言能力很有限，而学习用手指物可以帮助他做出选择（例如指一指要哪个），让他更容易表达自己的需求。

教简单的问候

挥手是小宝宝最先学会的技能之一，但是很多发育迟缓的孩子需要直接的教学才能获得这个技能，尤其是当这些孩子对他人关注较弱、缺乏眼神交流或者缺乏基础的模仿技能时。所以，我们应该怎么教授这个技能呢？

首先想一想，你需要教的问候方式具体是什么？除非你的孩子已经有口语并可以仿说的情况，不然我建议你从挥手"问好"开始教。每一次都要俯下身，让自己处于与孩子视线平视的位置。不要喊孩子的名字。热情地跟孩子说"嗨"，同时朝孩子挥手。你可以在房间里跟孩子进行两人练习，如果有其他亲属或者朋友在场，也可以邀请他们一起。你可以跟孩子说："让我们去跟爸爸问好！"走进房间的时候，让爸爸对孩子挥手说"嗨"。你也可以自己说"嗨"，同时轻柔地引导孩子向爸爸挥手。

还可以在有人来家里的时候练习打招呼。你可以说："噢，我听到有人来了！"引导孩子注意到这个人的到来。让这个人走到孩子面前，俯身进入孩子的水平视线，跟孩子挥手说"嗨"。同样地，不要叫孩子的名字。

如果孩子没有正确地打招呼，留意一下是不是孩子在辨认方面有困难，困难的点有可能在辨认具体的人方面，也有可能在仿说和模仿方面，例如他不能仿说你的话或者不能模仿你挥手的动作。

当孩子掌握了跟别人挥手打招呼的时候，接下来你就可以教他挥手说"再见"。

进行假想游戏

假想游戏是一项对于理解性语言和表达性语言都有一定要求的高阶社交技能。关于假想游戏我们会在接下来的两章里详细讲到。我比较推荐的假想游戏是生日聚会。也许你的孩子还没有具备假想游戏的技能。如果孩子的理解性语言不够，无法理解你在做什么，那么哪怕你准备了偏好程度很高的强化物，孩子也有可能出现问题行为。如果你觉得孩子的能力达到了相应的水平，你可以准备橡皮泥、小盘子、玩具茶杯、一只茶壶和生日蜡烛。你可以说："让我们用橡皮泥来做生日蛋糕吧！"然后跟孩子一起做蛋糕。蛋糕做好后把蜡烛插上去，再假装吹蜡烛。在这个过程中观察孩子会不会跟随模仿你的动作。

如果还有一个礼物可以给孩子拆，或者在小盘子上面放一些真正能吃的东西，这些都会让游戏变得更有趣。你还可以教孩子怎么用茶壶往杯子里倒茶。充分发挥想象力，看看孩子是否喜欢这个游戏。在游戏过程中，观察、评估孩子会不会模仿你的行为。

当然，如果恰巧你的孩子快过生日了或者你正准备带他去参加一个生日聚会，这个假想游戏的练习就会特别有帮助。同样的游戏设计也适用于玩具火车、玩偶或者厨房玩具套装等。把每个游戏用到的所有材料放在一个固定的盒子里，这样你就可以用同一套材料来进行不同的场景扮演了。但是要注意，不要一直玩同一个游戏，也不要不断地重复同样的台词。孩子可能会把这些话背下来，每次都是在机械重复，而不是使用自然的、功能性的语言来跟你互动。

高阶社交技能

我还见过有父母和治疗师过早地教孩子轮流（轮到我了，轮到你了）、教孩子社交礼仪（例如说"请""谢谢你"和"对不起"）。如果你的孩子还不能做到保持专注在玩具上几分钟，那他现阶段也无法分享玩具和轮流，也不能理解"对不起"的概念。在学习这些高阶的社交技能之前，孩子必须先掌握基础的先备技能。

正如我之前提到的，社交技能（包括跟其他孩子一起游戏的能力）属于高阶技能。孩子在学习这些高阶技能之前，需要先具备比较复杂的表达性语言和理解性语言的技能。在下一章，你会学到如何教授孩子基础的语言技能，在第九章中会介绍高阶语言技能的教学。

所以请保持耐心，并且密切关注不同阶段的发育里程碑，这样你就不会在孩子的社交、语言技能方面操之过急了。如果你按照能力发展的规律来帮助孩子学习社交技能，他的进步也会更快一些。

接下来的两章里面讲述的语言技能也是我的 TAA 教学法的核心，你将学到如何给孩子打下坚实的基础，让孩子能学会之后的一系列新技能。

第八章

教孩子沟通和听指令

当米歇尔的女儿埃琳娜在两岁生日之前被诊断为孤独症的时候，米歇尔和她丈夫几近崩溃。其实埃琳娜在18个月以前就表现出了一些症状，但是她父母却一直被安慰说不用担心，这也让他们在一段时间内拒绝承认这个事实。

在确诊之前，埃琳娜进行过一次言语治疗的评估。尽管她已经快两岁了，但是评估结果却显示她的语言能力只相当于0~3个月大的水平。虽然米歇尔很快就拿到了女儿的诊断结果，但是她在寻找干预资源时却遇到了难题，他们需要排队很久。米歇尔意识到，在接下来至少三个月的时间里，她只能独自跟两个女儿（埃琳娜和新出生的小女儿）待在家里。虽然米歇尔很清楚埃琳娜急切地需要ABA干预，但是也只能等待。

当米歇尔开始学习我的TAA在线项目时，她完全不知道怎么教孩子说话或者模仿，也不知道怎么教她学习其他技能，但是她一步一个脚印地坚持了下来。在加入项目仅一两周之后，米歇尔开始看到埃琳娜的进步，并且有了成功的信心。但是那时的她并没有意识到干预会有多么成功！

在项目开始的第一天，米歇尔就完成了TAA的评估和语言能力取样。埃琳娜的基线语言能力的样本（就是你在第四章里面学到的）显示，在一个小时的时间段里她只说了两个单词："妈妈"和"狗狗"。进行了TAA干预六周之后，一个小时的语言能力样本里面，埃琳娜说了超过500个词。她甚至可以说两个词组成的短语，例如"妈妈的鞋"、"小鸟，吱吱"。埃琳娜在桌面时间的配合度也提高很多，而严重问题行为几乎没有再出现过。

在女儿26个月大的时候，米歇尔再次带她进行了言语语言评估。经过短短的2到3个月的TAA干预之后，埃琳娜的表达性语言能力从之前的0~3月龄的水平提高到了 30 月龄的水平。是的，尽管她当时只有 26 个月大，但是她已经开始像 30 月龄的孩子那样表达了。虽然埃琳娜的社交技能还是稍有落后，停留在 20 月龄的水平。但是在如此短的时间内，在没有任何专业资源的介入仅仅是她妈妈进行干预的情况下，埃琳娜的语言能力发生了翻天覆地的变化。

我分享这个故事是想让你看到 TAA 策略给孩子带来的可能性。每个孩子的起点是不一样的，他们的长处和需求也是不一样的。有些孩子像埃琳娜一样会快速取得进步，也有些孩子需要更多的时间和耐心。无论你的孩子多大，无论他的能力程度怎么样，你都可以帮他进步，向下一个阶段迈进。现在绝不是灰心丧气或者放弃的时候！

在这一章，你会学到如何帮助语言能力弱甚至没有语言的孩子提高语言和沟通技能（就像埃琳娜刚开始接受干预的时候）。如果孩子已经可以说一些单词或者短语，也不要跳过这一章，因为以下的内容对于你学习如何与孩子互动，以及提高孩子的语言学习动机是非常重要的。

婴儿是怎么学习语言的

在我接触孤独症干预之前，我从来没想过发育迟缓儿童的语言教学是如此的复杂。而普通儿童学习语言又是如此容易，这让我至今很惊讶。普通儿童从学会发音和说单词到开始理解语言非常迅速。大部分婴儿在只有几个月大的时候就开始咿咿呀呀了，例如发出 "baba"、"dada" 和 "mama"。而且婴儿会不断尝试，看看自己的发音可以带来什么。而当父母因为宝宝发出了"dada" 或者 "mama" 的音而欣喜若狂时，宝宝就会学到，这两个音比其他的音要重要得多。这就是语言的启蒙。

可惜的是，很多有着严重语言障碍的孩子，包括表现出孤独症早期症状的孩子，通常不会有太多的咿咿呀呀的发音。即使他们出现了难得的咿咿呀呀的发音，他们也不会像普通孩子那样很在乎成年人的反应和关注。发育迟缓的孩子在模仿他人方面也比较欠缺，而模仿却是普通孩子学习游戏技能的途径。发育迟缓的孩子也不会有太多的仿说的行为，而语言技能通常是通过声音和口语的模仿来习得的。

你可能会说，你家孩子完全不跟你说话，或者孩子目前完全没有口语。但是每一个人，包括新生儿在内，都是具备语言能力的。咿咿呀呀、用手比划、哭泣，还有像大发脾气在内的问题行为，都是属于沟通的不同形式。我们的目标是，教给孩子口语和语言技能，这样他可以有效地跟你和其他人进行沟通。

语言能力包括表达性语言和理解性语言两大部分。表达性语言由四种基础的"语言操作（verbal operant）"组成，这包括提要求（请求）、命名（说出名称）、仿说（重复他人的话）和互动式语言（回答问题的能力）。在这一章，你会学到提要求、命名和仿说的强大组合。鉴于互动式语言在普通儿童18个月大的时候才会开始出现，我们在第九章再详细讨论这一种语言操作。

在如何鼓励语言行为或者教授表达性语言技能之外，我还会在这一章教你如何增加孩子跟随指令、模仿和配对的能力，这些对于早期和高阶的语言发展都是非常重要的。

不要直接跳过这一章，哪怕你的孩子已经具备了基础的跟随指令和回答简单问题的能力。以下是原因：对于孤独症和发育迟缓的孩子们来说，某项能力存在漏洞是很常见的事情。所以即使你的孩子已经开口说话了，他也可能在某些基础的学习能力方面存在不足。你会在本章中了解到有关这些能力的信息。这些沟通和学习技巧需要强化，这样你的孩子就可以学会"学习的方法"，而不仅仅是技能本身。

让我们来谈一谈如何快速地评估孩子的语言和非语言行为，这样你就能够从今天开始帮助孩子增加语言技能了。

评估与计划：孩子早期的语言技能

你已经阅读了评估和执行计划的章节，第四章中的 TAA 评估表可以帮助你快速评估孩子的基础语言能力。第四章提到的那两段短视频和基线语言能力的取样也是重要的评估工具。

为了更深入地评估表达性语言技能，基线语言能力的取样是我们在评估阶段的主要工具。你可以更详细地记录下在 15 分钟、30 分钟或者 60 分钟的时间段内，孩子所发出的所有声音、单词或者短语。设置一个定时器，然后记录下你在特定的那段时间里面听到的所有内容。在记录纸上你可能会记录下"dadada"之类的声音，也可能会记下"狗"这样的单词或者"给我那辆车"之类的短句。

就像埃琳娜的故事那样，在最开始的时候记录下语言能力的样本，然后六周之后就是最关键的时刻！通过前后多段 60 分钟时长的样本记录，米歇尔见证了她的女儿从只能说两个词到后面可以说超过 500 个不同词汇和短句。这些一起证明了米歇尔在家对女儿进行的干预是成功的，她们俩正一起朝着正确的方向前进。而这些按时间顺序记录的样本数据与埃琳娜在语言能力标准评估中的前测和后测的结果也是一致的。

在基线语言能力的样本之外，如果你的孩子还有其他的口语，你需要同步创建一份清单，其中包括孩子在日常生活中发出的任何声音、近似词和清晰的词语。至少需要记录下过去一两周之内你听到过的词语。许多孩子都会有我所提到的"突然冒出来的"词，也就是你听到的孩子随机说出的词语。虽然记录孩子所有"冒出来的"词语并尽可能地增加孩子说这些词的次数有助于孩子语言的发展，但是一般孩子三个月以前说过的词就没有必要记录了。三个月以前的词语已经不能代表孩子当前的能力水平了。

通过分析这份清单中的发音、词语和短语，你可以找到更多的线索。我曾经很惊奇地发现，我的个案奇诺在他想要零食的时候可以自己说出他最喜欢的零食名称"奇多"，也可以说"不"。但是直到我们教了他自己的名字之后，他才能清晰地说出"奇诺"，虽然这两个词是如此类似。了解孩子能够说清楚和不能说清楚的词分别是哪些，这会对你的干预帮助很大。例如：你发现孩子在你唱"满天都是小星星"的时候可以跟着唱"星星"，那么你就可以开始准备与星星相关的图卡和教学材料了。

哪怕是陆陆续续地记录下孩子的所有发音和词语，你也可以从记录中看出孩子目前是仅能发元音还是能把元音和辅音组合起来形成单词。可以制作一张记录表格，这样你就能把孩子所有的发音和词语按字母顺序进行记录了。

当孩子口语词汇增加的时候，可能并不是每一个单词都能做到发音清晰。

所以准备两张表格是很有用的：一张是孩子能清晰说出来的词汇表；另一张是孩子能说的近似词或者近似音的清单。例如：孩子目前可能说"peng 果"来表达"苹果"。如果你愿意，你可以将这两张表都贴在冰箱门上，这样你在每天听到新的发音或者词语的时候就可以随时记录了。你也可以随时把第二张清单上面的词语移到第一张清单里面，只要孩子能清晰地说出这个词。

如果你的孩子能随机地或者有规律地说出 10 到 20 个词，你需要留意孩子是怎么使用这些词语的。他是用这些词来提要求？还是用来命名图片？还是他在仿说你的话？

你还需要评估孩子的理解性语言能力。如果你完成了 TAA 的评估表格，那你已经完成了对他以下能力的评估：跟随指令（例如在没有示范的情况下独立完成指认身体部位、拍手或者起立）、模仿技能和配对技能。

由于喂养、饮食问题以及奶嘴的使用都有可能对说话造成很大影响，所以在完成 TAA 表格之后请确认是否仔细完整地填写了这些问题的相关部分。在继续你的干预进程之前，完整地填写所有评估和计划表格，以及准备好教学材料都是至关重要的。

接下来，就让我们一起学习改善孩子语言技能的干预操作吧！

干预：桌面学习时间的魔力

在发育上严重落后的幼儿和学龄前儿童需要大量的学习机会来最大程度地赶上同龄人的水平。你能越快地让孩子安坐在桌子旁边开始学习，孩子就能越快地缩短差距。

记得清理你用来教学的房间或者区域，移除所有潜在的干扰物，做好强化物的控制，避免孩子能"免费"得到喜欢的东西。这样，孩子就会更愿意跟你待在一起，并且爱上桌面区域和教学材料。在开始进行这一章的教学策略之前，你需要准备好第五章所提到的清单里面的所有材料。

准备桌面教学时间专用的储物盒或者带锁的柜子，将桌面的学习材料专门存放在里面。同时，对于那些有多个部分的玩具或者材料（例如土豆先生或者嵌入式拼图），可以将每个部分存放在带标签的透明袋子或者盒子里。当你不在的时候，不要让孩子随意就能接触到这些材料。如果你允许孩子随意接触的话，这些玩具很有可能成为孩子进行刻板行为的工具，也就是说孩子会用它们来进行自我刺激。

配对和强化

我们已经在前面讨论过"配对"了，但是因为它是如此重要的一项概念，所以我想在这里补充更多信息，教你怎么将学习区域和"好东西"进行配对。"配对"是指将孩子喜欢的东西在不给孩子发任何指令的情况下给到孩子（例如泡泡水、零食、关注等）。这个方法可以让你自己、学习环境、学习桌以及教学材料对于孩子而言都是正向的、有趣的。如果你的孩子自己跑到桌子旁边，看见强化物的时候很开心，并且很急切地想要坐下来跟你学习，那么你的努力方向就是正确的。但是配对并不是一劳永逸的事情，如果你发现孩子抗拒坐下来，或者表现出不喜欢这些物品或者活动的时候，你应该重新进行配对，让孩子重新愿意坐下来跟你一起学习。

强化分为两种：具体的强化物品和社会性赞美。 具体的强化物品包括少量的零食、少量的饮料、平板等电子设备，和/或者孩子喜欢的其他东西。你的孩子喜欢的任何东西都可以用作正向的强化物。

有时候孩子可能会过度沉迷于某件物品或者电子产品，这样的话最好就不要将这些物品用在教学时间。不要让孩子对桌面时间产生抵触情绪，所以你要选择孩子喜欢的但不会沉迷的强化物，尤其在刚开始教学的时候。

如果孩子会试图从学习区域跑开，那说明你没有准备他偏好的强化物。如果整个房间被清理过了，而你在桌面区域/学习区域没有准备孩子最喜欢的东西，那么你会面临一场"艰苦的斗争"，在让孩子坐下、看向学习材料和爱上学习的过程中，你会感到异常困难。

所以在你拿出盒子里面的学习材料、让孩子跟你一起坐下来之前，你需要将桌子跟强化物进行配对。刚开始的时候可以从 3~5 分钟开始，让孩子和你坐在桌旁，将你准备的强化物进行配对。

永远都不要强迫孩子坐下来，不要用腿"围禁"孩子，也不要将孩子按在椅子上——永远都不要。孩子应该可以随时离开。这也是我不推荐在学习时间将孩子"捆在"高椅子或者增高座椅上面的原因，除非是出于安全因素的考量：有专家建议使用特定的座椅，因为普通的儿童尺寸的座椅对于你的孩子来说是不安全的。

如果现阶段你很难让孩子坐在桌子旁边或者待在指定区域，请一定留意自己的行为。我不建议直接对孩子说："你必须回来坐在椅子上。"相反你可以变成一个侦探，仔细观察孩子走向哪里，被什么东西所吸引。他是想去拿放在房间外面的玩偶吗？他是发现了地板上的一根绳子吗？他是想要坐在房间里的摇摇椅上面吗？如果是这样的话，尝试着把这些东西移到桌面区域用作你的强化物，或者将这些物品彻底从房间里面清除。

如果你的孩子想要离开桌子，让他离开。但是有一点很重要：所有的学习材料和强化物需要留在桌面区域，直到他重新回来。如果强化物被带离桌面区域的话，那么这个学习区域对于孩子而言就没有那么特殊了。如果你的房间"清理"得够彻底，孩子应该很快就会发现，他会回到桌面区域，想要跟你进行互动。

我自己也不是很喜欢"为了休息时间而做任务"的方法，这样就变成了你的孩子是为了"逃离你"而努力。我也不喜欢"再做三个，你就可以休息了"类似的说法。我希望孩子是开心地"跑向"桌子、桌面材料、强化物和你。

借此机会也再强调一遍，我不推荐使用"任务"这个词。你可以说"学习时间"、"桌面时间"或者"和妈妈的快乐时间"！

在桌面时间的第一节课里面，不要让孩子做任何的"任务"，甚至不要使用教学材料。只要孩子愿意跟你一起坐在桌子旁边，他就应该"免费"得到强化物。如果刚开始的时候孩子很抗拒坐在椅子上，那只要他愿意站在桌子旁边就可以给他强化物。在孩子愿意主动坐椅子之前，你的教学时间不要超过三分钟。

在你逐步地增加桌面教学时间直到达到 15 分钟时，你可以将桌面时间和其他非桌面区域的活动区分开来。你可以安排 10~15 分钟的桌面时间，然后是外出或者去游戏室的活动。

但是在孩子的休息时间你也需要跟他一起，这样你可以尽可能多进行自然情景教学。休息时间不应该成为孩子"逃离"你的机会。尽量让休息时间变得有吸引力。如果你自己也需要休息时间，那么让自己休息一会儿。当你在桌面时间变得越来越得心应手，你也能更好地利用其他的时间和环境（例如日常生活中、在学校、在社区）来提高孩子在提要求、模仿、游戏方面的技能，也能更好地帮助孩子进行各项技能的泛化。

使用强化物让孩子提要求

在你的桌面教学以及其他所有教学的项目中，提要求是核心。原因在于当孩子想要某件东西的时候，就是你教他新技能的最好时机。当孩子可以告诉你、告诉其他人他想要什么的时候，你和孩子的生活都会发生巨大的变化。

我们在第六章有提到，问题行为往往是孩子提要求能力不足的结果，无论孩子有没有口语。问题行为本身就是一种提要求，就像哭闹是新生儿提要求的方式一样。

然后，孩子需要有一定的动机才会提要求。在第五章中你学到了"三连词"策略，也就是将物品的名称和孩子想要的东西配对起来，并且将名称重复三次。但是孩子能学会要求物品的前提是他必须很想要这个东西。因此，在刚开始的时候，你就应该使用孩子很想要的东西来进行配对，最终用这些强化物来教孩子提要求。这些强化物可以是球、果汁、曲奇饼干、平板或者一段短视频等。

在桌面时间需要留意对强化物的控制，不要让孩子在没有你同意的情况下随意取到这些物品。我发现，使用较难打开的透明罐子来装食物类的强化物是最好的，这比用小碗装要好很多。在将单词与物品配对的时候，每次给孩子一个或者少量强化物就好。对于电子产品来说，我推荐使用一些 10 到 30 秒的短视频或者电影片段，在配对单词"电影"或者"视频"之后给孩子。如果你的孩子还不能用口语或者手势来提要求，那就连着说三遍关键词，然后给孩子强化物。

在桌面时间教提要求的时候，你可以把强化物分成小份。假如你的孩子喜欢苹果，那你可以把苹果切成 10 小块，这样孩子就会有 10 次机会说"苹果"。将小块的苹果举到你下巴的高度，接着用生动的语气慢慢地说："苹果，苹果，苹果。"然后，你把小块苹果给孩子。在重复这样的操作几次之后，下一次给孩子小块的苹果之前可以稍微等 2 到 3 秒，给孩子一个主动提要求的机会。

你还可以在说"苹果，苹果，苹果"的时候将苹果块拿得离孩子近一些，然后稍微将苹果移远一点，看看孩子会不会提要求。如果孩子没有说"苹果"而是伸手去拿苹果，你可以把苹果块给他。如果孩子说出"ping"或者"果"，这无疑是一个进步，在孩子说出任何近似音的时候要立即给他苹果。

如果你的孩子喜欢曲奇、葡萄、意大利腊香肠或者薯片，可以将这些食物切成小块。这可以给孩子创造更多的机会提要求。你可以拿起一小块曲奇，放在你下巴的高度，然后说："曲奇，曲奇，曲奇。"如果他对曲奇失去了兴趣，就尝试其他的强化物。

永远都不要对孩子说："如果你想要曲奇，你必须说'曲奇'。"哪怕你的孩子有口语，并且你在昨天刚听他说过"曲奇"，强迫孩子说话不是个好主意。因为你无法"强迫"一个孩子（或者其他任何人）说任何话。你需要跟孩子保持正向积极的互动，而不是进行权力的对抗。你只需要连着说三遍关键词，然后将强化物给孩子（前提是孩子没有表现出任何的问题行为）。

当孩子学会了要视线范围内的物品后，可以将物品移得稍远一些，让孩子有机会继续提要求。当孩子稳定地要了几次稍远一些的物品，并且仍然对物品有动机时，尝试着将物品放在桌子下面或者将物品藏在桌面的某件东西后面。当然在孩子提要求之前，你需要先让孩子看到这件物品是什么。如果孩子不能和你要藏起来的物品，你可以将物品重新放回到视线范围内，稍后再次尝试。

在一天之中的任何时间，当教学机会出现时，你都要持续地进行提要求的教学。例如就餐时间或者户外游玩时间。泡泡水是很多孩子偏好度较高的强化物，如果你的孩子喜欢泡泡，他可能会找你要泡泡水，或者要求你吹泡泡。

在教孩子提要求的时候，你可能会尝试教你的孩子说"还要"或者"请"。但是对于语言发育迟缓的孩子来说，我不鼓励教这些词。相应地，你可以重点教他具体物品的名称。如果你的孩子学会了说"还要"或者"请"并将这两个词用在所有场景时，你不会知道他在要求什么，尤其是当他要求的物品不在视线范围内时。但是如果他学会了"饼干"这个词，你一下就能知道他要的东西是什么。

有些孩子会很快学会提要求，而其他孩子会学得慢一些。不要气馁；坚持给孩子创造更多的机会让孩子来要求他最喜欢的东西。当你教提要求的时候，要确保孩子是有动机的，因为此刻他想要的物品是他够不到的。

手语/手势表达

如果你在教孩子提要求的过程中发现孩子的发音或者近似词很少，可以考虑教他手语。教孩子使用手势来要求物品常常会成为学习口语的跳板，而手势学习还可以提高孩子的模仿技能，预防和减少问题行为，同时增加孩子对于轻微肢体辅助的耐受度。许多专业人士认为孩子在学习手语之前需要先学会模仿，但是我发现教孩子手语是教他们模仿的有效方式之一。有些人还会担心手语的使用会影响孩子口语的使用，但是从我的经验来看，将手势和口语进行配对总能改善孩子的口语表达。

在刚开始教孩子手语的时候，可以在同一时间重点教 3 到 5 个不同的手势。当你的孩子想要"球"的时候，你可以先把球举起来，然后教孩子用手势提要求。你可以先自己做一遍手势，再辅助孩子做一遍手势，然后把球给孩子。进行每一步时，在你和孩子分别比划手势的同时说一遍"球"，这样孩子在得到球之前就会听到三到四次"球"这个单词了。

如果你从肢体上来辅助孩子的手比划"薯片"的手势，然后立即给孩子薯片，你就将你的教学以及肢体辅助和强化物配对了起来，这也能帮助孩子学到不同类型的技能。

还有一些语言设备和软件能辅助无口语的孩子进行沟通。虽然我鼓励手势的早期使用，但我不是特别推荐给小龄的孩子用这些语言设备，至少不要在一开始就直接使用。但是如果你的孩子已经在使用手机软件或者其他替代性沟通系统，并且已经取得了一些进步的话，我建议你继续使用。我也建议将 TAA 的方法和这些设备的使用结合起来，看看对于口语的发展会不会有更大的帮助，同时还可以增加其他的沟通技能，减少问题行为。

在桌面时间教说话（和跟随指令）：用鞋盒、闪卡和图片

现在你已经可以让孩子愿意来到桌子旁边，接受小份零食、饮料、泡泡水和短视频了，也许现在是时候开始使用你准备的其他教学材料了。我说

"是时候了"是因为，如果你的孩子看见桌子上的教学材料还是会抗拒坐下或者会哭闹，那么可能还没到时间引入额外的材料，因为孩子可能会把这些材料看作"任务"。但是如果孩子愿意走过来，跟你一起坐在桌旁 3 到 5 分钟，愿意在没有指令的情况下使用强化物，那你和孩子都已经准备好一起学习新材料了。

在你引入新的教学材料时，你需要继续将孩子的强化物（就是你用来教提要求的那些物品）放在桌面上。在你将新材料进行配对的时候，你需要频繁地将强化物给孩子。

最理想的情况下，当你学会如何使用这些教学材料，桌面时间本身已经变成了一项很有效的强化物。这也意味着你可以逐渐减少外部额外强化物的使用。

大多数孩子，尤其是语言发育相对落后的孩子，非常喜欢隐含因果关系的视觉化任务。这也是我开发"鞋盒项目"的原因。在鞋盒的盖子上开一长条口子。将鞋盒放在桌上，然后将一张闪卡或者照片举在你下巴的高度或者放在你脸的旁边，然后缓慢而情绪饱满地将卡片中物品的名称说三遍，例如"猫，猫，猫"。注意单词中的元音，你在发音的时候将元音的部分稍微拖长。

你每说一次相应的名称，就把卡片移得离孩子近一些。在刚开始的时候，你可能需要轻轻拿着孩子的手，辅助他将卡片从开口处放进鞋盒。孩子很快就能学会自己将卡片放到盒子里，不管你信不信，孩子会爱上这个简单的动作。

如果你的孩子说出了关键词，那这个词实际上变成了部分提要求（因为他想要把卡片放到盒子里），部分命名（因为他能看见卡片）和部分仿说（因为他在模仿你的口语）。这种情况叫"多重控制"，意思是我们将两种及两种以上的语言操作（提要求、命名和/或者仿说）结合起来改善孩子的语言学习。TAA 教学法提倡在每一个活动中使用"多重控制"的程序。

但是请记住，尽管你可以转动孩子的椅子让他面朝着你，但是不要强迫孩子处在一个必须直视你眼睛的位置。如果你的孩子还没有开口说话，我比较建议让他更多地看到你的嘴和你的整张脸而不是仅仅看到你的眼睛，这样孩子能看到单词是怎么发音和形成的。出于这个原因，我建议你继续将物品或者图片举在你的嘴和下巴旁边，这样就能更多地鼓励孩子看向你的脸。久而久之，这个方法还能自然地改善孩子的互联式注意力。

使用"土豆先生"的玩具

我也推荐在教学环节中使用"土豆先生"，而且这是尤其适用于教身体部位的玩具之一。每次举起其中的某一个零件，放在你的嘴旁边。在你举起鼻子的时候，慢慢地说"鼻子，鼻子，鼻子"，同时把鼻子放到孩子手里。在刚开始的时候，你可能需要辅助孩子将鼻子放在土豆先生头上的正确位置。

在孩子喜欢上土豆先生的游戏之后，你可以摸摸自己的鼻子，然后轻轻地辅助孩子摸摸他自己的鼻子。如果孩子出现了抗拒肢体辅助的情况，有可能是这个任务太难了，或者你给的辅助太多了。但是如果孩子在看见你摸鼻子的时候会跟着摸自己的鼻子，那么他的模仿技能也在同步增长，这是个巨大的进步！

使用玩具和图书

你还可以使用你准备的因果关系的玩具来教孩子说话。在玩锤子和球套装的时候，你可以在给孩子每一个球的时候说"球"，在给孩子锤子的时候说"锤子"，这样孩子就能把球放到对应的洞里，然后用锤子敲下去。如果你的孩子自己说了"球"或者"锤子"，那这些词也是部分提要求、部分命名和部分仿说，就像前面那个鞋盒的游戏一样。但是请注意，不要急于让孩子识别颜色，因为过早地教颜色是父母常犯的一个错误，我们在下一章会详细讲到。

在桌面时间，你还可以使用"我的第一本单词书"或者其他简单的绘本来同时提高孩子的理解性语言和表达性语言。刚开始的时候，能识别一页书上的一张图片就够了。到后面可以让孩子指认不同的图片来提高孩子理解和跟随指令的能力。

教提要求：使用嵌入式拼图、闪卡和图片

为了教配对，你可能会使用单块的嵌入式拼图。举起一块拼图，然后说三遍名称。然后，帮助孩子一起将拼图块放到相应的位置。在使用动物拼图的时候，你可以将猪的拼图块举到你的嘴边，然后缓慢地说"猪，猪，猪"，每说一次就把拼图移得离孩子更近一些，直到你把拼图给孩子并帮助孩子将其放在正确的位置（或者看着孩子自己放进去）。如果孩子在你第一次说了

"猪"之后就自己说了一遍，一定要立即给孩子拼图！

你还可以使用两套一模一样的"我的第一本单词书"闪卡，或者强化物和人物的图片，这样孩子能学会将图片进行配对。在刚开始的时候，将桌面上的卡片数量控制在两到三张，不要用清一色的动物图片或者清一色的交通工具图片，这会让孩子感到困惑。例如，你可以摆好一张汽车的图片、一张妈妈的图片和一张床的图片，然后将另一张用作配对的汽车图片举起来，说一遍"车"。

关于配对的项目，很多专家推荐说"一样的放一起"或者"车放一起"，但是我建议你在评估孩子的配对技能的时候，只说"一样的放一起"。在教配对的时候，我建议使用多重控制的方法。这样你就可以在这些活动里面同时教授更多配对以外的技能。你还可以将孩子对配对的兴趣和活动本身联系起来，这样孩子会很想要从你那里拿到图卡然后进行配对。因为他对配对图片产生了动机，虽然这个活动本身是一个配对的任务，同时你也在发展孩子提要求的能力（要汽车的卡片），以及命名和仿说的能力。

如果你的孩子在配对的活动里面出现了仿说，我希望孩子仿说的那个词不是"一样的放一起"或者"车放一起"，而是图片里面物品本身的名字（在这个例子里面是"车"）。如果孩子暂时还不能做到配对，你可以说"车放这里"，同时帮助他把车的卡片放在另一张车的卡片上面。重复这个步骤，直到孩子能自己完成配对。

在你开始配对教学项目之前，先定好你自己和其他人、材料中图片以及物品的名字具体是什么。如果孩子可以说"妈"，但是不能说"妈妈"的话，我会建议先从连续配对三次"妈"开始。一旦你的孩子学会了说话和仿说，你就可以过渡到教他"妈妈"或者"妈咪"。在教配对的时候，将妈妈的照片举起来，连说三遍"妈妈"，然后将照片从你的下巴旁边移向孩子的方向，直到将照片放在孩子手上。孩子拿到图片进行配对的过程中不需要他说出"妈妈"，但是如果他说了，一定要给他充分的表扬和额外的奖励。

教模仿技能：使用完全相同的物品

如我前面所说，常规发育的儿童会通过模仿来学习语言、游戏和社交技能。模仿能力的缺失是很多孤独症和语言发育迟缓儿童的核心障碍，也是一项预警信号。儿童能力的发展中，模仿技能要比跟随指令出现得早。例如：在你示范摸头的动作时，儿童在这样的视觉提示下能跟着摸自己的头。而对简单的口语指令"摸摸你的头"做出反应，这个能力在之后才会出现。

在桌面时间教模仿技能时，我建议你准备各种物品材料各两套。例如：两辆完全一样的小汽车、两把叉子、两把勺子和两个杯子等，你和孩子每人一套。当你把自己的勺子放到你的杯子里面时，说"这样做"。如果孩子没办法自己做到，可以轻轻地辅助他的手将他的勺子放到他的杯子里。接下来你可以用勺子在杯子里轻轻搅拌，并且说"这样做"。如果桌面上有两个小玩偶的话，你还可以假装去喂它们。这样孩子就会明白，用勺子可以做不同的事情。他还会发现，模仿行为能得到强化物，这样你所期待的理想行为就会增加了。

你还可以使用两辆完全一样的玩具车来教模仿。你可以说"这样做"，同时手持玩具车来回地移动。接着引导孩子的手来操作他的小汽车。最终孩子会在没有辅助的情况下自发模仿你的动作。

在能够跟随你进行持物模仿之后，你可以开始尝试让他模仿你的肢体动作，例如拍手、举手或者轻拍桌面。首先，你可以站在孩子面前或者你和孩子同时站在一面全身镜前面，由你来示范拍手的动作，并且在必要的情况下给孩子一些辅助。在孩子完成模仿（可以是在辅助下完成）之后立即给予其强化物。

在你教孩子这些技能的时候，可以在 TurnAutismAround.com 网站上查阅更多的免费资源，来确保自己更加正确地实施教学。

让孩子回应自己的名字

孤独症的一个预警信号就是孩子对自己的名字没有反应，但是这一点是你可以通过教学来改善的。

首先，我建议孩子生活中的所有成年人都要避免过度使用孩子的名字，因为你并不想让孩子听到自己名字的时候自动过滤。请停止过度频繁地叫孩子的名字，尤其是当你说"不"或者"停下来"的时候。你可以在趣味性的活动中叫孩子的名字，例如你在推着孩子荡秋千的时候，或者表扬孩子和给他强化物的时候。

> 想要让孩子对自己名字有反应，你可以准备几个孩子最喜欢的强化物，然后在孩子正在做其他事情的时候从孩子的背后叫他的名字，接着立即（轻轻地）拍拍他的肩膀，给他一个强化物。
>
> 慢慢地孩子就会明白，当他听到自己的名字的时候可以得到一些好东西。你可以在一天里面间歇性地进行这样的操作，在叫他名字的时候可以逐渐离孩子更远一些，拉长距离。当你在远处叫他时，可以先给他几秒的反应时间，然后走近他，轻拍他的肩膀再给他强化物。

永不言弃

教孩子语言技能和其他技能是一个比较漫长的过程。有些孩子，像埃琳娜，学得很快，但其他孩子则需要更多的时间来学习。有时候，你会觉得对孩子的教学很艰难，做了很多却感觉刚刚才打开了阀门。无论你做到哪一步，做了什么，都永远不要放弃。

在接下来的一章，你会学到更多的高阶的沟通技能，也会了解父母和专业人士常犯的一些错误，以及应该怎么做来避免这些错误。

第九章

孩子有口语却不能与人对话：
帮助孩子扩展语言的策略

　　三岁的德鲁是我之前的个案山姆的弟弟，山姆就是那个和父母参观自由女神像时跑丢的小男孩。作为孤独症孩子的兄弟姐妹，德鲁有孤独症的风险也是很高的，所以父母会特别留意他的发育情况。在前两年半的时间里，父母感觉德鲁的各方面发育都是正常的。但是当德鲁刚满三岁时，碰巧又赶上他的早教学校放了三个月假，作为医师的妈妈开始感到非常恐慌，因为小德鲁的语言能力出现了退化。

　　他妈妈非常绝望地找到我，希望我能评估一下德鲁，看看他是否有孤独症。他妈妈想要知道自己应该做些什么，给德鲁排队做专业的言语评估吗？还是应该带德鲁去找儿童发育方面的儿科医生评估？他妈妈甚至在想，自己的焦虑和担心是不是仅仅因为德鲁在那一周满三岁了呢？是她的期望太高了吗？德鲁的语言能力退化是由于他跟其他孩子接触得太少吗？还是因为父母太忙了没有跟德鲁进行足够的互动？

　　当我到德鲁家的时候，德鲁在妈妈的提示下跟我问好："你好，玛丽老师。"并且有跟我进行充分的眼神接触，这让我感到惊喜。在我跟他妈妈沟通关于她填写的TAA表格内容时，德鲁爬到了电子琴上面，将乐谱扔到地板上。他看了看他妈妈又看了看我，非常明显地想要获得我们的关注。尽管扔东西实际上算是一种问题行为，但在当时的情境下，看见德鲁能通过这样一种"常规的"孩子气的方式来获取关注，我长舒了一口气。

　　我从包里拿出材料和《幼儿孤独症筛查工具》（STAT），就是我在第一章提到的那份，准备开始评估。在第一个测试活动里面，我拿出了一个球和一辆玩具车，德鲁选择了"黄色的赛车"。我并没有感到惊讶，因为他妈妈告诉我他"痴迷"于小汽车和卡车。德鲁跟妈妈坐在一起，我们一起来回地移动小汽车，进行了五次，这样德鲁就轻松地通过了 STAT 的第一项测试。

当我想把小车拿走换成接下来的玩偶套装时，麻烦就开始了。德鲁开始大哭，并且伸手抢小汽车，在我没有给他之后，他又开始躺在地上，哭了好几分钟。

不管有没有小汽车，活动的转换对于德鲁来说都很困难。尽管他几乎通过了所有的项目测试，也可以在冷静的时候使用完整的句子来沟通，例如当我把一个竹蜻蜓飞到天花板附近时，他会说出"我想自己飞（玩具）"和"让它飞到屋顶上去"之类的句子。但是他大部分时间都会用问题行为来沟通。而且当他发脾气的时候，他的表达就变成了单个的词，例如"我的"和"车"，而没有完整的句子。

但是他父母对于德鲁的大发脾气感到意外，他们说德鲁之前从来没有爆发到躺地的程度。我解释说，父母可能无意中强化了孩子的问题行为，例如在德鲁哭的时候给他想要的东西，或者在德鲁出现轻微的问题行为时跟他说话，给他关注。我得出这个结论是因为我在现场观察到，只要德鲁哭闹或者在我们面前躺地，父母双方都会使用贿赂的策略而不是强化的策略。他们会这样跟德鲁说："那是玛丽老师的车。我们明天给你买一辆新的黄色赛车好不好？"德鲁问题行为的升级清晰地反映出，父母平时会在德鲁哭闹的时候通过给他想要的东西来"平复"他的情绪。而在我没有给他小汽车的时候，他的问题行为就升级了。

德鲁的父母都是有医疗背景的专业人士，也很有耐心。因为之前对德鲁的哥哥进行过干预，我跟他们也合作了很多年。哥哥的需求和行为跟德鲁很不一样。当我指出他父母在无意中强化了德鲁的问题行为，并且这样影响到了德鲁语言的发育时，他们都感到很愧疚。

尽管德鲁通过了 STAT 测试，并且几乎不会被诊断为孤独症，但我还是会在这一章的后半部分告诉你们，我当时给了德鲁的父母哪些建议。

另一个叫兰登的孩子语言理解能力很弱，但是他能背出电影台词。他妈妈妮科尔非常担心，因为兰登不能使用功能性的语言来提要求，而他与同龄孩子之间的差距也越来越大。在他妈妈尝试教他任何技能的时候，他都会出现问题行为。他会逃离椅子，没有办法坐下来专注地学习。

兰登那个时候三岁半，还没有被诊断为孤独症，他已经排队等专业医生的评估等了九个多月。妮科尔了解到我的在线 TAA 项目，那时她非常焦虑。

德鲁和兰登有很多相似的地方。根据这两位妈妈填写的 TAA 表格，他们都是三岁左右，有口语但不能进行对话。他们都有很多的问题行为，并且经常用问题行为来进行沟通，高阶语言很少。在父母开始实施 TAA 策略的时候，两个孩子都还没有被确诊。后来兰登在快满四岁的时候收到了孤独症的诊断书。

如果你的孩子跟德鲁、兰登，甚至是跟两岁的埃琳娜一样，只使用单个的词语或者短语来交流而不能进行完整对话，那你还有很多事情需要做。大部分常规发育的儿童在三岁的时候开始用完整的句子来表达，能够讲简单的故事，而到四岁的时候就能够进行完整的对话了。但是对于语言能力落后于同龄儿童的孩子，我们不能放任自然什么也不做，然后祈祷着孩子自己能够赶上来。

当然，有一些孩子也许能自己慢慢赶上来，但是很多孤独症和发育迟缓的孩子需要接受系统的教学才能发展出基础的语言技能。这是很多孩子获得更多的高阶语言能力的唯一办法。

许多父母和专业人士（包括过去的我自己）都会尝试教孩子很难的语言表达，但是急于求成反而会无意中引发孩子的问题行为，就像德鲁的情况一样；一味地追求高阶语言的教学还有可能让孩子出现怪异的语言表达，就像兰登刻板地重复电影台词那样，这些表达完全不具备功能性。

如果你的孩子目前在使用短语来表达，你可能很急切想要让孩子快速进步，能够尽快用完整的句子来表达。你可能想让孩子开始认识颜色、能开始使用介词和代词，但是请控制好进度，不要忽略基础技能。虽然孩子开口讲话是一个很重要的信号和时间节点，但是按照正确的顺序来教授语言技能非常重要。就像建房子需要先打一个坚实的地基，不能在孩子基础能力还不稳定的时候就教授他高阶的语言技能。

不过，对一个有口语但还不能对话的孩子进行语言教学是复杂而棘手的，在这本书里能涉及的内容比较有限。考虑到这个复杂性，本章的内容会从简单的指引出发，给出一些教授高阶语言技能的建议，让你能够开始尝试。

如果你的孩子已经具备了一些语言技能，我强烈建议你学习更多相关的专业知识（可以查阅网站 TurnAutismAround.com）。我同样建议你找一位相关的专业人员来帮助你，如果有可能的话，最好是了解 TAA 方法的专业人员。

什么是对话？

作为能熟练进行社会交往的个体，我们对日常生活中的对话习以为常。我们很自然地就学会了对话，而且根本不会刻意地思考它的复杂性，除非在我们要学习一门外语的时候，或者在我们教一个语言落后的孩子的时候。

让我们来解析一下日常对话的原理。设想我们俩在某个会议上坐在一起，而我想要跟你开启一段对话。我可能不会直接询问关于你的信息，而是会说一些其他的话题，例如"今天天气真好"或者"这个房间好冷啊"之类的。本质上来说，这是在试图引起你的注意（提要求），同时也是在描述（命名）环境。

如果你有兴趣跟我对话，你就会跟着做出类似的评价，或者会问我一个问题，例如："你从哪里来？"

我回答："宾夕法尼亚州。你呢？"

你回答："加利福尼亚州。"

一段对话实际上是由一系列的高阶提要求（要求关注和信息）和高阶互动式语言组成的。我们会使用高阶的互动式语言来回答对方的问题，而这同样也是建立在高阶的理解能力之上的。

在你学习一门外语的时候，互动式语言也是最难学的一种语言操作。你需要首先理解别人整句话的意思是什么，然后还要能够组织恰当的语言来回复对方。所以在刚开始学习的时候，你需要让对方尽量说慢一点，直到词汇量和语法熟悉度能够支撑你理解长句子，并且能够完整地做出回复。

对于孩子而言也是同样，我们需要根据每个孩子的长处和需求，按照正确的顺序来进行教学。

评估：找到你开始的起点

无论你的孩子看起来有多么的"高功能"，又或者他做过什么样的评估，本书第四章和第五章里面介绍的 TAA 评估和计划表都是非常重要的，它们能帮助你快速地掌握孩子的整体情况，确保你的侧重点是放在重要的目标上面。

对于能力起点处于中级或者高级水平的孩子来说，可能会需要额外的评估来充分确认他们具体的语言能力情况。只有这样才能知道给孩子定什么目标并制定一份合适的个性化方案。

在上一章埃琳娜的例子里面，可以看到标准化的语言评估在 TAA 方法实施前后有多大的帮助。标准化的语言评估对于像德鲁一样的孩子来说甚至更加重要，他们的语言能力表面上看起来是正常水平。对于像兰登一样的孩子也非常重要，他们的语言能力是散点式分布、有漏洞的。

如果能够进行 VB-MAPP 的完整评估是非常理想的（有专业人士能完成）。VB-MAPP 是由马克·松德博格教授研发的，量表本身由三部分组成：里程碑、学习障碍评估和转介评量。这份评估可能需要花费好几个小时来完成，而你孩子的语言水平越高，用的时间越多，对你和专业人士的专业知识要求就会越高。

VB-MAPP 的评估内容是详细而完整的，它是基于零到四岁孩子能力发育的里程碑来编纂的。第 1 阶包含了 0 至 18 月龄孩子具备的早期学习技能，第 2 阶包含了 18 月龄至 30 月龄孩子具备的中级学习技能，而第 3 阶包含了 30 月龄至 48 月龄的学前班孩子所具备的技能。

电子版和纸质版 VB-MAPP 的购买信息可以在网站 TurnAutismAround.com 上找到（此处指英文版本）。我比较推荐电子版，它可以自动生成一份评估报告给你，还能给你提一些干预目标建议。你可以在更新 TAA 表格的时候同步更新 VB-MAPP 信息，得到各个领域的最新评分（每几个月一次或者至少一年一次）。这样你就能清晰直观地看到孩子的学习进展情况。

制定计划：选择恰当目标的重要性

在读到这本书之前，你可能认为所有的评估、干预计划和目标制定都是专业人士要做的事情。但是现在你已经明确了自己在孩子干预中的重要角色，也已经明白了目标不恰当或者目标太难的危害性。

我在前面曾经提到过关于卢卡斯第一节言语课的情况。现在你已经了解了更多语言行为的知识，也了解了 TAA 的方法，我可以跟你说更多细节了。这会让你更加明白孩子的干预方案个性化的重要性，你和专业人士共同为孩子选择的干预目标必须贴近孩子的需求。

卢卡斯在他两岁的时候开始接受每周的言语干预，也就是在他上了那个早教班之后不久。这远在卢卡斯被确诊之前，那时候我还完全不了解语言行为，不了解孤独症，我还在祈祷着卢卡斯仅仅是语言落后而不是孤独症。我和丈夫都非常乐观地（我甚至比丈夫更乐观）认为早教班和每周的言语治疗就能够让卢卡斯赶上同龄孩子的水平。

常常是由我送卢卡斯去上言语课，而且大部分时间我都待在言语教室里面，全程 30 分钟都可以看着言语治疗师跟卢卡斯互动。如果我那天带了小儿子斯宾塞一起的话，我就会坐在隔壁房间，通过双向的玻璃来看课程情况。

言语治疗师通常会用一个有趣的活动来开启课程，例如泡泡或者因果关系的玩具之类的。那会儿卢卡斯有一些断断续续的词冒出来，但是我不知道怎么教他用这些词或者其他词来提要求，所以在言语课上我会非常认真地观察治疗师是怎么教卢卡斯说话的，想要学到一些方法。在这些有趣的活动里面，治疗师经常能让卢卡斯说出一些类似"泡泡"和"吹"之类的词。

多年之后当我成为了一名行为分析师，我意识到这些有趣的活动就是"配对"和提要求的环节。我还知道了卢卡斯说"泡泡"的时候，这个属于"多重控制"的语言行为，是出于多种原因。

我确信，在那个时候无论是我还是言语治疗师都没有听过"多重控制"这个词，而卢卡斯说的"泡泡"这个词，部分是提要求（因为想要治疗师打开盖子吹泡泡），部分是命名（因为泡泡就在他眼前），还有部分是仿说（因为治疗师在开盖子或者吹泡泡之前会说一遍这个词)。

卢卡斯非常喜欢言语课第一部分的活动，也能够很好地参与。但是当活动结束，他们需要进行更困难的抽象语言的学习时，问题就出现了。

其中一项教学目标是跟数与量有关的，治疗师准备了一些小堆的东西，然后尝试让卢卡斯给她"一个"、"一些"或者"所有"的东西。另一个对卢卡斯来说很困难的目标是，用点头、摇头或者说"是"、"不是"来正确回答问题。治疗师从一堆卡片中举起一张，然后问卢卡斯"这是苹果吗？"要求卢卡斯用"是"或"不是"来作答。治疗师还教卢卡斯代词，例如在玩简单游戏的时候教"我的回合"和"你的回合"。但那个时候卢卡斯完全不理解任何的游戏规则，更不用说用代词来沟通了。治疗师还尝试教卢卡斯介词，让他把娃娃放在小床的"旁边"或者"上面"。

幸运的是，尽管那时候的大部分目标和活动对于卢卡斯来说都很难，他却没有出现任何的问题行为，不哭也不闹。我曾追着言语治疗师要"家庭作业"——一些我能够看懂的书或者视频，在家也能跟着做——但是治疗师给不出任何有用的资源。我们那个时候都不知道，我们犯了头号错误：试图教卢卡斯跟他能力水平相差太远的学习内容。这个错误我现在仍然看到很多父母和专业人士也在犯。

在治疗师拿走泡泡，转换到有难度的概念学习的时候，卢卡斯没有大吵大闹，他只是很疑惑，完全跟不上课程内容。在刚开始的时候，治疗师应该只进行那些有趣的活动，例如吹泡泡，这样卢卡斯会出现一些将提要求、命名和仿说结合起来的语言。如果卢卡斯做不到随时跟着我们仿说，那我们就不应该教他任何高阶的和抽象的语言学习内容，例如是/不是的概念、代词和介词。

我们应该专注在最重要的那件事情上。我很确定这件事就是掌握仿说的技能，它可以打开语言学习的大门。

仿说控制的魔力

当大部分 ABA 治疗师聊到"仿说"时，他们是指在桌旁和孩子各坐一边，你说单词或者短语，然后孩子照着说一遍。在没有实物或者卡片呈现的情况下，治疗师说"说'球'"，然后孩子说"球"。

而 TAA 的方法是使用早教材料教仿说，实施"多重控制"的策略，将提要求、命名和仿说结合起来。使用闪卡和鞋盒，我们将强化物或者人物的图片依次举起来，然后将每个词连说三遍。这种使用 TAA 方法的桌面时间基本都会让孩子开始仿说。接下来你就应该给孩子大量的练习机会，直到孩子在一天中可以做到随时仿说，无论相关的物品在不在视线范围以内。这是我发现的建立仿说的最好方法。

在这么多年的经验中，如果要总结语言教学的重点，那就是：如果没有模仿（尤其是语言模仿或者仿说），你很难教会孩子任何新的技能。

就像我们前面提到的，模仿是婴幼儿学习语言的方式。他们会发出咿咿呀呀的声音，而家长在听到"爸爸"或者"妈妈"的类似发音时会非常激动，然后把奶瓶给宝宝，就此宝宝意识到特定的发音或者词语会让自己得到东西，还可以让成年人微笑和扮鬼脸。在 18 个月大的时候，孩子通常会模仿大人和其他孩子说的话。

如果你的孩子还不具备仿说技能（无论他是完全没有口语还是有一些断断续续的词语冒出来），你可以使用前一章提到的材料和方法来让孩子每天尽可能地多开口。在大部分情况下，在父母连续数天、数周或数月的每日教学（不用太长时间）之后，孩子就可以开口仿说。而孩子一旦开始仿说，他们的学习进程通常会加快，语言发育开始爆发。

及时纠错，让语言能力朝着正确的方向发展

如果你的孩子像兰登一样会背诵电影里的台词，或者像埃琳娜一样会说几百个一到两个字的词汇，那孩子有很大可能已经具备了仿说的能力。但这时候你可能会遇到新的问题。孩子在语言使用中可能会出现很多错误，例如代词颠倒，在需要说"我想要曲奇饼干"和"抱我起来"的时候，会说成"你想要曲奇饼干"和"抱你起来"。他可能也会出现卢卡斯在言语课上的疑惑，在表达"不"的时候说成"是"。也可能像德鲁一样，在有些时候能使

用完整的句子交流，但是在其他的时间都在用大发脾气/问题行为来沟通。又或者他可以背出所有的字母，但是却不能正确地喊爸爸妈妈，也不能回答简单的问题。

如果孩子的语言能力没有进步或者语言表达听起来很"怪异"，那很有可能是他的语言理解能力还不够，也没有按照正确的顺序来学习基础的和抽象的语言技能。他的技能点可能很分散，这让你和专业人士都很难判断孩子的能力到底处在什么水平，也不知道什么样的方法可以帮助他取得语言能力的进步。

这可能需要你和孩子的专业团队一起努力，来更正刻板背诵和解决错误用法的问题，这些阻碍了孩子语言能力的发展。要记得填写 TAA 的评估和制定计划的表格，并且确保孩子的目标是根据他的优势及需求来制定的。可以让一位专业人士来对孩子进行 VB-MAPP 的评估，同时，这些 TAA 的表格内容也会对你有所帮助。在你审阅了所有的评估信息、干预计划和当前的目标清单之后，你还需要跟孩子的专业团队一起重点审核一下对孩子来说太难的目标。删掉太难的项目听起来像是在退步，但是相信我——太难的项目和目标对于你和孩子没有任何好处。

也就是说，孩子在语言使用中出现种种错误并不是某一个人造成的，包括你。你和每一个参与了孩子干预的人都希望能给孩子最好的。很长一段时间，我一直在犯各种各样的错误，这些我会在后面详细讲到。长达十几年的时间里，我不知道应该怎么教对话技能，直到我全身心地投入到孤独症相关的领域。

跟其他章节都不一样的是，我在本章里面不会给出太多步骤明确的指引。因为给中阶学习者，也就是有口语但还没有对话技能的孩子制定目标是相对复杂的。就像我给埃琳娜、德鲁和兰登制定的目标都不一样的，他们每一个人的目标都是根据个性化评估的结果而定制的。

尽管如此，还是有一些通用的建议和步骤适用于中级和高阶的语言学习。在我介绍这些具体的内容之前，先让我们一起来看一下在语言教学中常见的错误。

错误一：一味地追求句子的长度

在孩子开口说话之后，我们就有了"仿说控制"。在孩子初步具备一些口语的时候，我们需要小心、仔细地扩展孩子的语言。但在实际情况中，很多父母会非常急切地想要更多的进步，逼孩子太紧；有些专业人士已经开始给孩子制定四到五个字的短句目标了。

这份想要孩子使用完整句子的急切心情常常会让我们开始使用语言替代和扩展发音的设备，哪怕孩子完全没有口语或者口语非常有限。我并不反对给无口语的孩子使用这些系统和设备，我是想提醒你不要一味地追求扩展孩子语言表达的长度，给孩子制定了太高的目标而疏忽了对孩子口语表达能力本身的加强。

在言语治疗师、行为分析师、老师和其他专业人士试图让孩子用完整的长句来表达时，他们常常会教孩子使用"固定表达"，例如"我想要"、"我需要"、"我看见"和"那是……"。他们鼓励甚至要求孩子在提要求时前面都加上这些固定表达，例如"我想要香蕉"或者"我想要泡泡"。

在我过去多年作为行为分析师的职业生涯中，我常常遇到固定表达"帮倒忙"的情况。如果孩子在日常生活中主动提要求的频率不高，那要求他使用固定的短句会让他变得依赖提示，也让孩子的主动性更低。给大家分享一个具体例子：蒂米说了"薯片"，但是大人并没有及时给他薯片作为强化物，反而告诉他"要像大孩子一样说话（用完整的句子）"或者"用妈妈教你的句子说一遍"。这常常会降低孩子提要求的主动性，也会让孩子更加依赖于成年人的额外提示（让孩子用更长的句子再说一遍）。

额外增加固定表达还会增加孩子说出的音节数量，这常常会导致发音清晰度相关的错误。"I want pretzel（我想要椒盐薄饼）"可能会说成"I-wah pre-za"。在中文里面，这类似于将"爸爸，走走"说成"dada, jiu-jiu"①。我们前面有提到，在教孩子说任何单词或者句子的时候一定要注意发音的问题。你可能会认为说"电冰箱"会相对简单，因为它只是一个词，而"我想要饼干（I want cracker）"相对难一些，因为它有三个词②。但是"我要饼干（I want cracker）"只包含了四个音节，而"电冰箱（refrigerator）"一个词却有五个音节③。

---

① 译注：原文没有本句，为方便理解，译者举了一个与原文相似的中文例子。
② 译注：指在英文表达中的词汇。
③ 译注：指在英语表达中的音节数量。

语言理解能力弱的孩子还会分不清楚不同的固定表达，所以他们常常会用混。他们可能会说"我看见果汁"，而实际上他们想要表达的是"我想要果汁"。或者他们说"我想要牛"，实际上是想要表达"我看见了牛"。他们还分不清楚什么时候应该用固定表达，什么时候不应该用，这样就会导致更多功能性方面的错误，之后你需要更多的努力来更正它们。

费丝在某一天学会了固定表达"那是……"，然后就出问题了。当我们拿着一张猫或者球的图片问她"这是什么"的时候，她回答"那是猫"和"那是球"，而不是我们教她的"猫"和"球"。费丝的 ABA 治疗师一开始没有意识到她在每一次命名前面都要加上"那是……"。当我问治疗师是谁教费丝使用这个固定表达时，ABA 治疗师告诉我费丝最近有了一个新的言语治疗师，这可能是在言语课上学到的新内容。

我给费丝看她自己的照片，同时问她："这是谁？"她回答："那是费丝。"我又给她展示了一张男孩睡觉的图片，问她："他在做什么？"费丝回答："那是睡觉。"在这个例子里，你可以看出固定表达给费丝造成的疑惑，我们把这种情况叫作"条件区辨错误（conditional discrimination errors）"，通常是指孩子在区辨相似物品方面存在困难。回到费丝的例子，她不能区辨什么时候可以用"那是……"的句式，什么时候不能用，就会出现表达错误。

对于可以仿说并使用一到两个音节的单词来表达的孩子，在教他们扩展语言表达的时候需要额外注意。对于这些孩子来说，首先应该教给他们更多的一到两个音节的单词，并且鼓励他们多说多用；然后再教他们三到四个音节组成的单词和两个单词组成的短语。两个单词的短语可以包括动作描述（扔球）、所有格（妈妈的车）和形容词（红色的车）。在你教孩子扩展语言表达的时候，需要确保他的每一个发音都要做到尽量清晰。

我们会很自然地认为，孩子能说的句子越长，他在语言方面的进步就越大。但是如果我们教孤独症孩子以刻板、僵硬的方式来说话，他们就没有办法发展出灵活的口头表达，他们在对话技能方面的学习也会走偏。

错误二：不知道如何应对"刻板复诵"

"延迟仿说"或者"刻板复诵"是孤独症孩子可能会出现的另一个常见问题。刻板复诵是指在不理解语句本身意思的情况下机械重复一些单词或者语句。这个行为发生的原因通常是本身能够带来自动强化，但是有时候也可能是孩子通过刻板复诵的行为来获取关注或者逃避困难任务。

如果一个孩子可以复诵，那说明孩子是可以说话的；如果孩子所说的话都是能听懂的，那说明孩子发音的清晰度是很好的。但是复诵可能会让你高估孩子的语言能力。

卢卡斯出现的延迟仿说行为让我认为他的语言能力正在进步，这也让我在拒绝承认孩子有孤独症的状况中停留了更长的时间。在卢卡斯 21 个月大时，我们带他去公园玩。查尔斯会指着公园的标识念给他听："请不要喂鸭子"，然后在结尾还会加上"嘎，嘎"。卢卡斯很喜欢去公园，也很喜欢看标识，但是他从来没有跟着说出来，因为那会儿他既没有仿说的技能也不明白标识的意思。在他爸爸重复了几次之后，卢卡斯有一次在半夜醒来时，突然说："请不要喂鸭子，嘎，嘎。"我那会儿完全不知道这个行为就是"延迟仿说"或者"刻板背诵"。我们以为这是孩子进步的表现，完全没有意识到这可能是孤独症的早期症状之一。

我询问儿科医生卢卡斯应该有多大的词汇量，医生说他现在 21 个月了，应该至少能说 25 个词。我算上了在过去几个月当中听到卢卡斯说过的所有的词，还算上了公园标识的那句话里面的 8 个词（"请不要喂鸭子，嘎，嘎"），终于凑足了 25 个。我试图用这些非功能性的词语来证实和维护自己的观点：卢卡斯是没有问题的，他不需要任何的评估或者干预。

复诵的出现是一个信号，预示着你的孩子很有可能需要做一次新的评估了，孩子的干预计划和干预目标需要更新。

错误三：不知道如何阻止或者更正语言表达的错误

孩子在语言发展的过程中，常常会分不清相似的物品。如果你尝试教孩子区分钢笔和铅笔，椅子、沙发和板凳，他可能会学得很费劲。

高阶技能的其中一项就是学习物品的特点和功能。物品特点的例子包括：一辆车的轮子、挡风玻璃和车门；电脑的键盘、屏幕和鼠标。物品功能的例子包括：飞机可以干什么，水杯用来干什么。这些都属于比较复杂的语言技能，所以在教这些之前请确保孩子已经具备了 VB-MAPP 里面提到的必要的先备技能，否则孩子可能就会出现语言表达的错误。

举个例子，在你教孩子命名"牙刷"的时候，可能会增加一些额外描述，例如"到刷牙的时间啦"，"牙刷手柄是红色的"，或者"宝宝拿一下牙膏"。但是下一次孩子命名牙刷的时候，他可能会说"刷牙"。这样的情况我遇到过很多次。

如果你的孩子出现了以上的错误，你也不用自责。在这章结束前，我会建议你一些可操作的步骤，还会教你"无错误教学"的概念来帮助你提高孩子的语言能力。

错误四：过度注重颜色和其他学术先备技能的教学

我曾经在评估中遇到了一个男孩，当我指着黄色椅子问他"这是什么"的时候，他回答"黄色的椅子"。孩子的父母感到非常骄傲，因为孩子不仅能说出椅子的名称，还能说出椅子的颜色。但是问题就在于此，孩子没有给出正确的答案，因为我并没有问他椅子的颜色。普通的孩子可能会直接回答"椅子"。你可能觉得这个问题不大，但是后续我们想要教孩子大和小的概念、椅子的组成部分以及椅子的功能时，这可能会变成阻碍。

除了避免过早地教孩子抽象概念（例如代词、介词和物品特征），我同样建议你不要急于教孩子辨认颜色、数字、字母或者形状。常规发育的儿童通常在 30 至 48 月龄时才会开始辨认颜色和学习其他学术的先备能力。基于这一点，这些能力在 VB-MAPP 里面的第三阶才涉及。

这些学术先备能力比要求物品、命名图片的能力要更加抽象。学术先备能力对孩子的区辨刺激能力要求更高，也就是说你的孩子可能会在区分数字 6 和 9 的时候，或在区分橙色和红色这两种相似颜色的时候感到困难。常规发育的孩子在自然情境中进行语言的学习，在学习颜色方面也不需要很多的辅助，但是对于发育迟缓的孩子来说，情况则完全不一样。所以请保持耐心，遵循自己孩子学习的规律，如果孩子还没有准备好，就不要过度强调这些高阶技能的教学。

错误五：过度关注语言能力而忽视了其他领域

卢卡斯两岁的时候被诊断为语言发育迟缓，三岁的时候被诊断为中重度孤独症，那时候的我把所有的注意力都放在教他说话上面，尽全力拓展他的表达性语言。只要卢卡斯开口说了新的词或者说了长一点的短语，我都会觉得他的能力提高了。

我犯了一个错误：只依据孩子说话的程度来判断他能力的变化。而我也经常看见其他的父母和专业人士犯同样的错误。

表达性语言固然重要，但是大一些的孩子和成年人每天也会花很多的时间在聆听、学习、收拾自己（例如洗澡和吃饭）和安静的自我娱乐活动上面（例如读书或者锻炼）。所以这些非语言的技能同样重要，也应该成为孩子干预计划中的重要部分。

前面我们一起讨论了五大常见错误，接下来我会建议你们采取三大步骤，用来预防和纠正孩子语言学习中的错误。

视频示范[①]

十几年前，在我开始对库尔特干预的时候，他两岁。他每天会出现好几次的问题行为，而且这些行为都是攻击他人或者伤害自己的。他那时还没有流畅的语言表达，但是会有一些零星的词语冒出来。

我对他干预了四个月。在每次两个小时的干预中，他会说10个词左右，而且这些词主要是之前在土豆先生的游戏中学到的身体部位的命名。

在进行了几个月的每周干预之后，库尔特还是没有出现仿说的技能。我们需要增加他的语言表达，所以我决定试一下视频示范的方法。正值假期，我接下来会休息几周。于是我录了两个短视频，由库尔特的妈妈来拍。在第一段视频里面，我边触碰我的不同身体部位边说："眼睛、鼻子、嘴巴、牙齿、眼镜。"然后在视频结尾边挥手边说了一句"嗨"。在第二段视频里面，我将身体部位唱了出来："头、肩膀、膝盖和脚趾。"然后我让他妈妈把这两段视频放在库尔特的平板里面，但我后来就忘记了这件事情。

当我休假回来，跟库尔特见面说"嗨"的时候，他立即回应我："嗨！眼睛、鼻子、嘴巴、牙齿、眼镜。嗨！"

[①] 编注：想了解更多有关"视频示范"这一策略的实践操作，可参考华夏出版社于2022年引进出版的《孤独症谱系障碍儿童视频示范实用指南》一书。

很显然，他已经看过那些视频了，因为他完全按照我给他录在视频里的顺序将身体部位背了出来。那一天，在两个小时的干预里，和以往说 10 个词不一样的是，我听到库尔特至少说了 100 个词。语言学习的闸门打开了。

在那之后，库尔特的学习进展变得很快。视频示范是一项有实证支持的干预策略，对于库尔特的效果也很好，于是我们就坚持下去了。现在库尔特已经具备了完全的语言能力。他正在上小学，也不再需要一对一的干预和支持。

有了库尔特的成功经验，我给所有一对一的个案都录制了各种各样的教学视频。例如在教命名的视频里面，我会依次举着每一张闪卡，同时说出每一张卡片里面物品的名字。你现在就可以拿出手机，录制你自己唱儿歌或者命名物品和图片的视频，用作孩子的教学材料。给孩子看这些视频，然后看看会发生什么。

步骤一：从评估、干预计划和目标选择开始

从填写 TAA 评估和计划表格开始干预。你需要这些材料来快速评估孩子的整体情况，并且制作简单的干预计划。你可以在现在或者将来把这些信息分享给任何跟孩子相关的专业人士。

除此之外，我建议所有中阶能力的孩子都应该接受言语治疗师进行的标准化语言能力评估。这也是我给德鲁父母的建议，德鲁就是那个喜欢黄色赛车的小男孩。在我评估时，德鲁不哭闹时会说完整的句子，会使用所有格代词，例如"玛丽老师的黄色小车"，还会使用缩略语①，例如"我不想要（I don't want to）"。这些让他的语言表达听起来很正常。我没有接受过标准化语言能力测试的培训，而已经具备了一些高阶语言技能的孩子需要更多的测试来判定他们是否有相关的能力发育落后。

进行 VB-MAPP 的评估也会对孩子有所帮助，特别是在孩子已经有了

---

① 译注：即英文中惯用的缩略词 don't。

ABA 干预和其他专业资源的时候。

请记住：孩子所有的干预计划和目标选择都需要基于评估结果。

步骤二：从孩子的强项入手，发展更多高阶语言

如果你的孩子出现了刻板复诵，这并不是一个无法克服的问题。实际上，这可能会给你更多教授功能性语言的机会！坚持找到教学方法，留意孩子的动机是什么以及他在复诵的时候说了些什么。

如果他会背诵电影里的台词，或者很喜欢特定的物品和活动，你就可以买一些相关的人物玩偶或者打印一些电影人物的照片，将它们和"鞋盒项目"配对起来。在对卢卡斯的教学中，我搜集公园或者鸭子的照片来进行鞋盒项目，利用卢卡斯的复诵"请不要喂鸭子，嘎，嘎"来进行语言教学。

你还需要适当限制孩子每天进行刻板行为的时间，例如排列玩具、反复看同一个视频、反复看同一本书和不断重复同样的话。虽然孩子已经开口说话了，但是他在每天醒着的时间里面还是需要尽可能地进行有意义的活动。当孩子逐渐掌握更多的功能性语言和社交技能，能够进行更多适龄的娱乐活动时，他的刻板语言应该会有所减少。

步骤三：谨慎选择活动和目标，使用无错误教学和回合转换

在选择语言教学的活动时，避免一味追求句子长度、太难的抽象概念和学术的先备技能的项目。你教给孩子所有的新技能都需要使用无错误教学。这意味着你需要给孩子提供所有的必要帮助来保证孩子能成功做到。例如在教配对技能的时候，你需要加以手势辅助（指给孩子正确答案）甚至是全肢体辅助（轻轻引导孩子的手来将配对的物品放在正确的位置）。如果你的孩子分不清楚"马克笔"和"蜡笔"，你可以举起马克笔说"马克笔"，避免孩子陷入混淆。这就是无错误教学。

在卢卡斯确诊的许多年后，我也成为了一名孤独症干预的专业人士。我终于学到了预防和纠正错误的秘诀，这也是 TAA 方法的核心之一。我是通过"回合转换"的方法来进行的。我还跟我的行为分析师导师，里克·库比纳（Rick Kubina）博士，共同发表了一篇同行审议的论文。文章内容是关于我在卢卡斯的干预中是如何使用回合转换来进行命名的无错误教学的[①]。

[①] 原注：M. L. Barbera and R. M. Kubina Jr., "Using Transfer Procedures to Teach Tacts to a Child with Autism," *The Analysis of Verbal Behavior* 21, no. 1（December 2005）: 155 - 161. https://doi.org/10.1007/BF03393017.

在你使用回合转换的方法时，你是从同一个技能的某一种形态转换到另一种形态，例如从跟随"触摸身体部位"的指令转换到同一个身体部位的命名。具体来说，你给孩子一个指令"摸摸你的鼻子"，一旦孩子摸了自己的鼻子，你马上使用回合转换来将这个技能转换成命名，你可以边摸着自己的鼻子边问"我在做什么？"再举一个例子：你从教命名开始，让孩子命名卡片上的数字3，或者在你竖起三根手指的时候说出数字3。然后你可以将这个技能转换成互动式语言的回答问题，让孩子回答"你今年多大了"，并且最终撤掉数字3的视觉提示。

你还可以在同一个技能的同一种形态中使用回合转换的策略，从而进行辅助的撤除。在这种情况中，你举起一张猫的图片，同时说"猫"。在孩子跟着你说"猫"之后，你可以进入回合转换的程序，问孩子："太棒了！这是什么？"如果他正确回答了"猫"，就给他口头表扬和强化物，强化物可以是小块的零食或者一小段视频；如果孩子需要额外的口语辅助才能回答，那就给他相应的辅助。然后在后面的回合继续尝试让孩子独立回答。

回合转换可以利用孩子的强项（例如理解能力）来教更难的技能（例如命名）。使用回合转换来撤除辅助时还能提高语言表达和理解能力。

你在教授新技能的时候，要留意孩子是否会出现条件区辨的错误。这常常发生在孩子分辨相似物品的时候，例如分辨厨房纸巾和厕纸的时候，或者分辨单人沙发和椅子的时候。孩子会出错，并不是因为他们没有全神贯注地学习，而是因为他们还没有具备这些精确分辨所需的语言理解能力。

从这一章你就能看出，帮助孩子拓展语言需要一定的技巧。需要从恰当的起点出发（基于评估），从孩子的强项和需求出发，同时还要特别留意孩子是否会出现阻碍语言能力发展的错误。

在接下来的几章里，我们会探讨更多生活和自理相关的内容，例如进食、睡眠、如厕训练、看医生和参加社区活动等。

第十章

解决挑食问题

我们都很享受一家人坐在桌旁共同享用美食的时光。但根据我的经验，一个完全没有口语的孤独症或者发育迟缓的孩子大概率也会有进食的问题。事实上，在我经手的几百个个案里面，我想不到有哪个孩子口语很弱但吃饭喝水却完全没问题的。而造成这个情况的原因之一，就是喂养和说话之间存在着复杂的内在联系。

当然，小朋友们多少都会出现挑食的问题，但是这种情况在特殊需要孩子身上往往更加严重。因为他们没有完备的语言表达，就可能会出现问题行为。本书中关于语言和行为的章节也对你解决孩子吃饭的问题有所帮助。如果你很担心孩子说话或者发音清晰度的问题，那本章关于喂养的内容也会给你提供更多有用的信息。

你可能觉得，只要家里的每个人都坚持健康的饮食习惯，孩子挑食的问题就会自然解决。但事实并非如此。多年前，我们全家人参加过一项由米尔顿·赫尔希医疗中心（Milton S. Hershey Medical Center）发起的研究，当时有几百个家庭参加。研究者发现，尽管被试家庭中的父母和兄弟姐妹都坚持每天吃蔬菜和水果，有孤独症的那个孩子还是会非常挑食，只吃碳水、白色食物和松脆口感的食物[1]。所以你并不是唯一一个正在为孩子吃饭的事情而发愁的家长。

有些孩子会非常挑剔，他们只吃某个特定品牌的食物，拒绝吃碎掉的或

---

[1] 原注：K. A. Schreck, K. Williams, and A. F. Smith, "A Comparison of Eating Behaviors Between Children With and Without Autism," *Journal of Autism and Developmental Disorders* 34, no. 4 (August 2004): 433-8. https://doi.org/10.1023/b:jadd.0000037419.78531.86.

者有破损的饼干，拒绝吃某种特定颜色、形状或者口感的食物，或者只吃放在某个特定盘子上的食物。苏珊·梅耶博士和哈娜·齐克格拉夫（Susan Mayes and Hana Zickgraf）在2019年发布了他们的最新研究，其中指出了饮食异常的问题（狭隘的饮食偏好和拒绝不同质感的食物）在孤独症儿童群体中的发生率达到了70%，而且这个数据是常规发育儿童的15倍。对于一岁的幼儿来说，极端的挑食和其他进食问题甚至被作为孤独症诊断的指征之一，因为孤独症孩子远比有其他发育障碍的孩子要挑食得多[1]。

我见过一个从小挑食的孩子到了10岁依然有着严重的挑食问题，因为他父母完全不知道可以做些什么。如果你阅读到这个部分时，仍然觉得自己无法解决孩子吃饭的问题，我完全理解。在孩子还小的时候，这个问题解决起来要简单很多。大一些的孩子不仅仅在体格上大很多，时间长了他们也会变得越来越挑剔。我见过很多孤独症的孩子在进入幼儿园时还在吃着婴儿食物，用宝宝奶瓶喝水（但是他们可以咀嚼和吞咽玉米片）。我也见过一些大龄的孩子从来没有学过使用餐具，也拒绝吃任何的水果和蔬菜。对于孩子的进食问题，你越早解决越好。

在我们进入后面的内容之前，我必须先提一下，很多孩子都有各种各样的进食问题，尤其是孤独症孩子。这些问题会引发包括发育停滞（体重身高的发育不足）、咀嚼或者吞咽困难、严重的营养不良和其他医疗问题，有时候还需要依赖胃管喂养。我儿子卢卡斯在四岁的时候就被认定为"发育停滞"，他极端的挑食习惯占了很大一部分原因。我们当时在宾夕法尼亚儿童医院的密集喂养指导中心得到了很多的帮助。

如果你的孩子有任何进食方面的问题，除了阅读本章之外，请同时咨询这方面的专家，例如医生、营养师、言语治疗师、职能治疗师或者行为分析师等。有必要的话可以去儿童医院的喂养指导中心看看。

干预的方法有很多。有些专业人士会建议让孩子通过接触、摆弄食物（不用要求孩子吃）来进行脱敏，但这个方法很少成功。基思·威廉姆斯

---

[1] 原注：S. D. Mayes and H. Zickgraf, "Atypical Eating Behaviors in Children and Adolescents with Autism, ADHD, Other Disorders, and Typical Development," *Research in Autism Spectrum Disorders* 64, (2019): 76-83. https://doi.org/10.1016/j.rasd.2019.04.002.

(Keith Williams)博士和劳拉·塞弗林（Laura Seiverling）博士在他们所作的《西兰花训练营》(Broccoli Boot Camp)一书中提到，解决挑食问题的关键是进行反复的味觉尝试。要让孩子试着接受某种特定的食物，他们需要在10到15种不同情境中对这种食物进行尝试。在让孩子尝试他们抗拒的食物平均1.5次之后，大部分父母都会放弃，远远没有达到10到15次的要求。所以无论当前是你自己还是你和专业人士一起正在解决孩子的挑食问题，孩子都需要多次地尝试食物，这要成为喂养干预计划的一部分！

在本书开头我列出过相关声明，本书中的信息仅供参考，不能替代任何专业的医疗或者行为干预建议。再强调一遍，尤其是在处理孩子进食和饮食问题的时候，只有详细评估过孩子情况的专业人士可以给出直接、具体的建议。如果你的孩子停止发育、体重低于正常值，或者有咀嚼、吞咽的困难，我建议你立即寻求专业人士的帮助。

比利和杰克的进食问题

在我所有的个案中，可能进食问题最严重的就是比利了，他只接受杏仁奶和无麸质的脆饼干，而且杏仁奶必须要装在奶瓶里面才喝。这两样就是他每天早上、中午和晚上吃的所有东西，除了偶尔会吃一些麦当劳的薯条。而且他对于薯条也有"具体"要求，只接受从快速窗口买到的新鲜薯条，薯条必须是热的，而且要用"恰当的"的容器装着。比利只会在特别饿的时候才会吃一些薯条。只要薯条有任何不如他意的地方，他就会哭闹和尖叫。这导致比利每天摄入的营养严重不足，是个很严重的问题。

那时候比利还没有任何的语言技能，所以我们开始尝试让他能在桌面时间进行学习。我们使用了一些教学策略让比利能够多接受一些种类的食物，避免他出现营养不良。

杰克是另外一个有进食问题的孤独症孩子（就是第六章中喜欢玩吸管的小男孩），他没有口语表达。他喜欢吃各种可以用手抓的食物（甚至可以接受一些蔬菜），但是不接受父母用勺子喂他糊状的食物。哪怕是看一眼勺子里面的糊状食物都会让他崩溃，所以他需要对糊状食物还有餐具脱敏。我们把他最喜欢的手抓食物（玉米片）放在勺子里，然后给他强化物（平板电脑），慢慢地解决了对勺子脱敏的问题。然后，我们开始逐步地给杰克其他食物。

在你使用这些策略对孩子进行干预的时候，需要确保孩子所有的照顾者都是信息同步的。如果有可能的话，在家里、托儿所、幼儿园和亲戚家等所有场合，进食的流程和规则要保持一致。例如：如果你制定了一条新规则，在学习时间和正餐时间之间的空当不能吃零食（让孩子吃饭的时候有胃口）。那每周会过来两次，帮忙照看孩子的老人也需要坚持同样的规则，不能允许孩子在吃饭前吃零食。

以下方法帮助过很多父母取得了较大进展。但请不要期待奇迹会在一夜之间发生。就像你在本书中读到的其他策略一样，你需要保持耐心，坚持使用。

进食问题的评估

改变行为的第一步永远是进行基线能力的评估。在填写 TAA 评估表的时候，你已经在一定程度上评估了孩子的进食情况。但是随着情况不断发展，你大概率还会需要一次更详细、具体的专项评估。

松德博格教授的自理能力检核表中四大模块的其中之一就是进食模块。我在这里只引用了进食模块的其中两个能力级别。因为我发现我过去的大部分小龄个案和我在线的个案（无论他们目前是否处于 18 个月到 5 岁之间），都是在 18 月龄至 30 月龄之间开始遇到进食的问题。

正如你在检核表中所看到的，大多数正常发育的孩子到 18 月龄时可以手抓食物，也可以使用勺子，并且开始自己吃饭。而大多数发育正常的幼儿也可以用敞口杯和吸管喝水了。使用叉子、吃饭时保持整洁、可以自己独立吃饭这些技能通常在 30 月龄的时候出现。而像比利和杰克这些孤独症孩子行为会有些刻板，模仿能力也比较差，类似于使用敞口杯和吸管喝水的技能通常不会自然习得。在多数情况下，他们需要额外的教学。

完成下列表格的填写，会帮助你评估孩子是否在进食方面存在发育落后。

进食能力-18 月龄

__吃小点心（可以用手抓的食物）

__自己用杯子喝水

__用勺子挖取食物

__用习惯吮吸

进食能力-30 月龄

__用叉子叉取食物

__用餐巾纸擦脸擦手

__自己把午餐盒或者餐盘拿到餐桌上

__自己打开午餐盒

__自己打开密封袋

__打开食物包装（大人帮忙打开一半的）

__把吸管插进饮料盒

__自己取掉口水巾

食物记录和解决挑食的食物清单

你现在已经完成了自理检核表的进食部分，我推荐你另外做一份三天的食物和饮品清单。在其中记录下孩子三天内吃的所有食物和饮品，精确到每天具体的进食量（10 片薯片，120 毫升含脂量 2% 的牛奶），他喜欢的食物品牌，他什么时候吃的以及进食的地点。就像你之前做过的一分钟语言能力的短视频一样，这也是一次基线能力的评估。所以不要在三天的记录期里面引入新的规则或者流程，不要逼着孩子吃新的食物，也不要在这期间尝试戒断奶瓶。

就算你没有引入新规则或者新食物，孩子也可能会拒绝食物或者出现问题行为。这些你都需要详细地记录下来。对于问题行为的记录要尽量具体，不要写"发脾气",而是精准地记录孩子发脾气的具体表现是什么。我不是很喜欢孩子哭闹的情况,因为当孩子哭的时候,他并没有学到任何新东西,还会给家人带来更多的压力和困扰。我会尤其关注孩子在就餐时间的哭闹行为。你也需要记下孩子可以平静接受的食物和饮品是什么。

孩子挑食并不是一夜之间发展起来的,对此也不用太着急地想立即解决。在这 72 小时的记录时间里面,哪怕孩子吃了很多垃圾食品或者一直用奶瓶喝水也不用太焦虑。等你看完这本书,完成孩子的进食评估后再进行干预也不会太晚。

在你评估时,还可以使用 TAA 食物清单(同样可以在网站上找到)。这份清单可以配合三天的食物记录使用,也可以单独使用。TAA 清单里面的食物分为"简单""中等"和"困难"三类。简单的食物是指孩子会一直吃的食物。中等难度的食物是指孩子在过去的一两个月内吃过,但是不会一直吃的食物。困难的食物是指你想让孩子吃但孩子很抗拒的食物。

下页是布伦特利的食物清单,对于他来说,简单的食物包括一些水果、鸡肉、薯条、花生或者黄油的果酱三明治、酸奶、"黄色的"芝士通心粉、某种特定的燕麦片以及其他很多种垃圾食品。他偶尔会吃一些鸡蛋、芝士棒、一些其他品类的水果、熟食火鸡肉和一些零食。在凯尔茜填写这份表格的时候,布伦特利会拒绝除了鸡肉条和熟食火鸡肉之外的任何肉类,并且拒绝所有的蔬菜、土豆、面条和米饭。

凯尔茜填写完这份清单之后,她就能梳理出一些可以给布伦特利尝试的食物了。她可以从中间一栏选一到两种食物增加到布伦特利的正餐里面。在布伦特利被确诊且接受了多年的 ABA 干预之后,凯尔茜反馈,现在布伦特利可以接受任何食物了,当然有些食物依然是他的最爱。

在完成了进食自理检核表和食物记录的基础上,接下来我会帮助你制定初步的进食计划。

TAA 食物清单表（范例）
玛丽·巴伯拉博士制作

孩子姓名：布伦特利·G.　　出生日期：××年9月25日　　填表日期：××年10月20日
年龄：3岁2个月

简单 (很喜欢的)	中等 (有时会吃的)	困难 (不愿意吃的)
蓝莓	鸡蛋	香肠（曾经喜欢）
草莓	苏打饼干	鸡肉条以外的肉
橙子	香蕉	番茄酱拌面条
芝士通心粉（加黄奶酪）	菠萝	土豆
薯条	芝士通心粉（加白芝士）	所有蔬菜
鸡肉条	苹果	米饭
花生果酱三明治	熟食火鸡肉	
黄油果酱三明治	米饼	
酸奶	原味薯片	
甜甜圈	苹果泥	
冰淇淋	葡萄	
糖果	马苏里拉芝士棒	
脆薄饼干		
东之牌芝士夹心饼干		
小金鱼饼干 （美国非凡农庄牌）		
即食燕麦片配冻干蓝莓 （只吃苹果和肉桂口味的）		

过度的口欲寻求和异食症

所有的婴幼儿都喜欢把不能吃的东西放进嘴里。而发育迟缓的孩子可能会一直停留在这个时期，甚至牙齿长出来之后还会发展出过度的咀嚼行为。

有时候这种行为出现的原因是医疗问题，例如维生素或者矿物质的缺乏。锌元素的缺乏尤其可能导致过度的口欲寻求行为和异食症，比如孩子会不停地咬玩具或者自己的衣服；还有些孩子体内铅水平过高，导致他们出现过度咀嚼的行为。如果你的孩子出现了过度的口欲寻求或者过度咀嚼的行为，你需要给孩子进行包含验血在内的医学检查以及牙科的检查。在给孩子服用非处方药的维生素或者营养补充剂之前也要先寻求专业的医疗意见。

有些孩子会咀嚼和吞咽不能吃的东西，这是一种叫作异食症的严重疾病。这些孩子可能会吞下硬币或者在浴室喝肥皂水，也有可能在游乐场抓起草皮吃下去。有些孩子甚至会吃小石头或者玻璃，这些会导致肠穿孔等一系列危及生命的问题。如果你的孩子有异食症，你要高度关注，立即寻求医疗和行为干预的专业资源。

如果你孩子的口欲寻求和咬东西的行为还没有那么严重，没有影响到健康和生命，那这些行为有可能是为了缓解长牙的不适感。这也有可能是自我刺激的行为，特别是当孩子还没有过渡到能咀嚼食物、用敞口杯喝水以及使用吸管的时候。

评估一下这些口欲寻求行为通常是在什么时间、什么地点/场合出现。如果孩子只会在某个特定的室外活动区出现这些行为，先不要去这个地方，至少先暂停一段时间。如果孩子会不停地咬他的上衣领子或者袖子（并且他已经看过医生了），尝试一下让他穿短袖上衣或者紧身一些的衣服。有时候太宽松的上衣可能让孩子咬衣服的频率增加。

有些孩子只会在无事可做或者饿了的时候咬东西。你可以尝试着给他一个平板（前提是他不咬平板），让他的双手忙起来，从而没有空去拿他经常咬的那个东西。

前面两章里面提到的语言教学也是喂养干预计划的一个主要部分，因为孩子在说话的时候很难出现咬东西或者磨牙之类的行为。孩子越快学会更多的语言表达，就会越少地继续这些口欲寻求的行为。

喝（东西）的干预

在我们讨论进食的策略之前，让我们先说一说为什么喝东西的技能很重要。我之前有提到，使用敞口杯和吸管都是大部分 18 月龄的孩子会展现出来的技能。这些对于孩子口腔肌肉的发育非常重要，而口腔的发育又在孩子开口说话的过程中扮演了至关重要的角色。

虽然防洒的鸭嘴杯可以保证房子的整洁，但是鸭嘴杯会让孩子的嘴唇保持在一个不自然的姿势，时间长了还会影响孩子的发音清晰度，而吸管的使用可以让孩子锻炼到不同的口腔肌肉。所以如果你的孩子到了 18 个月甚至更大一些的时候还在使用鸭嘴杯，你要做的第一件事就是给他换掉鸭嘴杯，帮助他学习使用敞口杯和吸管。有些正常发育的孩子在成长过程中也会出现一直使用鸭嘴杯的情况。我建议，尽可能只在车上使用鸭嘴杯来防止液体的泼洒。或者只在长时间坐车的时候使用鸭嘴杯，在其余的时间里面，不要给孩子使用鸭嘴杯。

有些孩子会出现断奶困难，这个问题在所有孩子身上都有可能出现。我坚持母乳喂养了卢卡斯一年多的时间，喂养了斯宾塞快两年。在卢卡斯被确诊的时候，斯宾塞大概 18 个月大，而我还在给他喂奶。卢卡斯喜欢奶嘴，但是斯宾塞不喜欢。我曾经开玩笑说我就是斯宾塞的"人工奶嘴"，因为他想要我一直给他喂奶。

那时我的事情很多，压力很大，所以我决定给斯宾塞断奶并逐步引导他使用奶嘴。我当时使用的就是本章里面介绍的断奶方法。但是在斯宾塞两岁生日的几个月之后，我丈夫带着他去佛罗里达州探望奶奶，我当时留在了家里。当时斯宾塞每天喂奶的次数已经有所减少，而我决定在这五天的旅行里让斯宾塞快速、彻底地断奶。有些妈妈母乳喂养的时间比我更长。当然哺乳完全是个人选择。而除哺乳之外，让孩子在一岁后同时使用敞口杯和吸管对于他的发展也是有益的。

一旦孩子学会了通过吸管来吮吸，你就可以开始教他使用敞口杯了。我发现小只的塑料烈酒杯很适合用来教孩子使用杯子的时候应该倾斜到什么角度。使用塑料材质的而不是易碎的玻璃材质,并且在杯子里面只放清水,这能避免学习过程中弄得乱七八糟。有些家长会让孩子在浴缸里面或者在室外练习。不带吸嘴的运动水杯也是个不错的选择。你可以示范给孩子如何使用,然后让孩子模仿你。当孩子在室外口渴了又没有其他选择的时候,这就是绝佳的教学机会。

最重要的一条建议是:不要让孩子随身带着奶瓶或者鸭嘴杯,或者随时可以拿到果汁、牛奶(无论是牛奶还是植物奶)。日常生活中唯一不用限制的饮品就是水。这样也可以在一定程度上避免孩子将果汁洒在家具和地毯上。而且有卡路里的饮料会容易有饱腹感,这样孩子在正餐的时候会对食物不感兴趣,也更加不愿意尝试新的食物。所以,如果你想给孩子水之外的饮品,可以在特定的正餐时间、点心时间或者学习时间用常规的杯子或者吸管杯装一些牛奶、果汁、柠檬水,在孩子坐在桌旁时给他。

如果你的孩子不喜欢喝水,只喝牛奶或者果汁之类的饮料,可以把水和饮料掺在一起。在第一天,用四分之一的水掺四分之三的饮料。在第二天和第三天,水和饮料各一半。在第四天,用四分之三的水掺四分之一的饮料。在第五天,直接给孩子水。

奶瓶和奶嘴的戒断

很多孩子过了婴儿期还会一直使用奶嘴,尤其是有问题行为的孩子。父母们不知道怎么处理问题行为,所以每次孩子哭闹的时候,都会塞给孩子奶嘴让他安静下来。卢卡斯过了两岁还是对奶嘴"上瘾",所以我非常理解父母们的处境。

奶瓶也是一样的情况,很多父母在孩子大了之后还会一直给他们奶瓶。从我的从业经验来看,在孩子一岁甚至两岁之后还持续地给他们奶嘴和奶瓶会直接阻碍语言的发展,也会造成发音清晰度不足,甚至出现问题行为。

奶嘴和奶瓶的过度使用还有可能危害到孩子的牙齿发育(乳牙和成牙的发育)。我有一个客户一直给女儿用奶嘴,言语治疗师曾给过建议但无济于事。当孩子长大了之后,奶嘴的长期使用让孩子出现了严重的龋齿和牙齿错位问题，花费了高达 4000 美金的医疗费用。

有些父母会采用"速战速决"的方式，从某一天开始直接弃用奶嘴和奶瓶。但我不是很赞成，这样会让孩子有较大的情绪压力，我通常会建议使用循序渐进的方法来戒断，以下为参考步骤：

1. 评估一下你和孩子最需要用到奶嘴/奶瓶的时间和场合——例如睡前、在需要安静的公共场合时、在车里或者在外购物时。

2. 根据评估的信息，制定一份明确的计划，来逐步戒断奶嘴/奶瓶。例如："每天只用奶瓶喂孩子 4 次"，"孩子只可以在睡前、车里和需要安静时使用奶瓶"，或者"只在晚上用奶瓶喂孩子一次，而且是在他坐摇椅的时候"。

3. 如果家里有很多个奶瓶或者奶嘴，留下一两个，其余的全部扔掉。这样可以避免孩子在被允许的时间之外自己拿到奶瓶/奶嘴。在卧室里面放一个奶嘴，如果你打算在车里使用，那也可以在副驾驶座位前的抽屉里面也放一个，这样你可以控制什么时候给孩子。

4. 在特定的场所放置奶嘴时（例如卧室），我建议你使用一个专门的"奶嘴存放盒"。在孩子醒来之后，让他自己把奶嘴放回到盒子里面，结束奶嘴时间。然后你可以把奶嘴盒放在高一点的架子上或者放在柜子里。在孩子放回奶嘴之后，你可以给他最喜欢的零食或者玩具作为奖励。你可以说："好了，现在我们要把奶嘴放回盒子里。你放完之后可以得到一块曲奇饼干。你放好之后我会把盒子放回架子上面。"如果孩子哭闹着想要奶嘴，你可以说："不行，奶嘴是在睡觉的时候用的。你可以在睡觉前用奶嘴，现在我们一起去玩小火车吧！"

5. 关于减少奶瓶的使用，你可以在奶瓶里面装上孩子最不喜欢的饮品，然后在敞口杯里装上孩子最喜欢喝的东西。在不能使用奶瓶的时间里，你可以将杯子跟孩子喜欢的玩具和零食进行配对，并且不要让孩子看见奶瓶。如果孩子哭着喊着要奶瓶，你可以说："不行。奶瓶是睡觉时间使用的。"等孩子情绪平稳一些，没有大哭大闹的时候，你可以跟孩子说："你现在可以用这些。"然后给孩子杯子，同时给他最喜欢的玩具和零食。在最开始的一两天孩子可能会哭得很凶，但是只要你坚持下去，孩子很快会理解并逐渐接受不再使用奶瓶。

6. 我理解戒断过程可能会很困难，但是请坚持原则，不要破例，哪怕孩子哭闹也不要在规定的时间之外给孩子奶嘴/奶瓶。虽然我并不喜欢孩子哭闹，但是你在孩子哭的时候满足他的要求只会助长他的脾气。将奶嘴和奶瓶存放好，避免孩子看到之后哭闹；还可以给孩子一些替代性的强化物（其他的杯子或者喜欢的玩具），注意在孩子不哭的时候给他。

7. 至少，孩子不能随时随地想要奶嘴/奶瓶就能得到。他们在任何时候都必须在你的帮助下才能得到。

8. 逐步减少孩子使用奶嘴和奶瓶的频率，直到完全戒断。

进食干预

首先要明确一个原则：孩子吃所有正餐和零食都必须在餐桌上进食。也就是说不能让孩子在沙发上吃谷物片或者在走路时随时开始吃东西。这一条对于你们来说可能是个不小的挑战，你可以先尽量让孩子在餐桌上完成大部分的进食。从食物清单上"简单"那一栏中挑选孩子相对容易接受的食物。

在三餐以外的时候限制孩子吃零食，尤其是在正餐前后一个小时之内不要给孩子零食。如果你的孩子零食吃饱了，那么他在正餐时间就不会想吃饭，也会拒绝你想让他尝试的健康食物。在日常生活中，你需要杜绝孩子随手就能拿到零食的情况。当然我并不是建议让孩子挨饿，而是不要给他额外的食物。如果孩子整天都在吃垃圾食品，就永远不会有胃口尝试新的食物。

如果孩子还不到两岁，那可以让他坐在高脚的宝宝餐椅里面。但是孩子到两岁以后，只要不是有肢体缺陷或者严重的发育迟缓，你应该开始让他从坐高脚椅过渡到使用增高垫，最终过渡到坐常规的餐椅。就像我不建议在学习时间把孩子"禁锢"在椅子上一样，我也同样不建议在就餐时间把孩子限制在餐椅上。如果孩子不愿意在餐桌上吃饭，那么可以尝试跟学习桌同样的配对方法，用喜欢的拼板和游戏之类的让孩子喜欢上餐桌。记住，任何区域、材料、人或者地点都是可以利用强化物来进行配对和重新配对的！

将食物的外包装拆掉，避免孩子只认牌子或者特定的包装。如果孩子只认某个牌子的酸奶，那可以把酸奶倒在碗里再给孩子。同样注意使用普通的碗，碗上面不要出现明显的标志和标记。这些方法可以避免孩子刻板地认定某些食物或者品牌，你也可以让孩子尝试不同牌子的食物来拓展他的食物清单。这样孩子在其他地方就餐时（例如餐馆、早教中心和学校），对食物的接受程度也会高很多。

我曾经干预过的个案扎克到四岁时还在吃婴儿食品，拒绝接受其他任何食物。这是他妈妈能够让他吃水果、蔬菜和蛋白质的唯一方式。他妈妈每周需要买 50 罐左右的婴儿食品，这是一笔很大的支出。为了让扎克开始接受婴儿食品以外的东西，他妈妈尝试把罐装的婴儿食品倒在普通的碗里给他吃。当扎克能接受碗里的食物之后，他妈妈逐渐加入一些其他的食物，也开始给扎克尝试一些需要咀嚼的食物。

尽可能地增加孩子的营养。如果你的孩子喜欢蔬菜，那么在所有正餐和零食时间都加入一些蔬菜。如果孩子喜欢吃的东西都没什么营养，那么可以从孩子食物清单中间一栏，即"中等"的食物种类里面选一到两种（例如蔬菜和肉类），跟孩子喜欢的食物搭配着给他吃。如果孩子接受了，就给他强化物。如果孩子完全不能接受健康食物，你也不用操之过急，先从"中等"食物开始拓展孩子的饮食种类，再让孩子接受"困难"的食物。

可以逐步把"中等"跟"简单"的食物穿插着呈现。观察孩子喜欢的食物的外形和口感，可以从相似外形和口感的新食物开始过渡。当孩子接受之后，再穿插"困难"的食物。例如，孩子愿意吃蓝莓和酸奶，可以在给他蓝莓酸奶之后，再尝试给他吃蓝莓味的薄煎饼。如果孩子愿意吃芹菜，可以把绿皮西葫芦切成长条状给他吃。在对比利进行干预的时候（就是那个只接受杏仁奶、无麸质饼干和少量麦当劳薯条的小男孩），我们刚开始先给他尝试了在家里自制的薯条。很快，这就变成了他喜爱的食物之一。

如果你的孩子只愿意吃软的食物，在刚开始你可以尝试把蔬菜和肉类煮成浓汤或者酱。做成奶昔也是个好办法，你还可以同时教他使用吸管。但是孩子到了可以咀嚼的年龄，要让他开始吃一些需要咀嚼的食物，这样也有助于口腔肌肉的发育。你已经知道了，这对于喂养和语言发展来说都是非常重要的！

在干预的时候，使用积极正向的、简短的语言。可以简单地说："吃一口吧。"如果他尝试了不那么喜欢的食物，接下来可以给他吃喜欢的食物，或者给他其他形式的强化物，例如看 30 秒的短视频。每尝试一口非偏好的食物就给他一次强化物，这听起来可能工作量有些大，但是这个方法是很有效的。到后面你就可以逐步地减少给他强化物的频率，不用像一开始那样频繁了。

不要使用任何的负面语言、威胁甚至恐吓。不要直接告诉孩子他不可以吃什么，而是告诉他可以尝试其他的食物。也不要跟孩子"讨价还价"，例如："吃完这一口，你就可以吃你最喜欢的面条啦，而且可以吃一整碗。"直接给孩子一小口"简单"的食物，然后穿插一两口"中等"的食物，再给他吃一小口"简单"的食物，这样循环往复就可以了。如果孩子这一次拒绝接受"中等"的食物，那下次可以换一种。不要把就餐时间拖得太久，速战速决，如果孩子这一顿不吃，那么就要等到下一顿正餐或者点心时间才可以吃东西，中间不能吃任何食物。

在孩子拒绝了食物之后千万不要对他进行"特殊照顾"或者加餐，这会强化他拒绝食物的行为，加重孩子的挑食。《解决挑食问题》和《西兰花训练营》这两本书的作者，基思·威廉姆斯博士，同时也是一位博士级别的行为分析师。他曾经对一位前来咨询的妈妈说："孩子一顿饭不吃不会饿死的，她没有那么脆弱。"我一直记得这句话。

如果你坚持下去，耐心地执行这份干预方案，我相信很快你就会看到孩子的进步。

教孩子使用餐具

孩子在 18 月龄的时候应该学会使用勺子了，在 30 至 48 月龄之间应该学会使用刀叉了。但是如果你的孩子存在严重的发育落后，有严重的挑食和营养不良的问题，那我建议应该先解决这些，教孩子独立使用餐具可以等等。当然，孩子能使用杯子和吸管喝水，也能够接受你用勺子和叉子来喂他，这也是非常重要的。

当你教孩子使用餐具时，我建议你站在孩子身后，把餐具放在他手里，然后握着他的手用勺子或者叉子来取食物。当他学会了使用勺子和叉子之后，接下来给他一把不那么锋利的餐刀，教他切食物，你可以示范给他看。

在我们教卢卡斯使用餐刀的时候，家里的四个大人都参与了如何教学的讨论。"你会怎么切鸡肉？"当问到这个问题的时候，我们发现每个人的方式都是不一样的。我惯用右手，而有人惯用左手。我们之中有人的习惯是用刀的后半部分来切，而我习惯用刀的前面来切。还有，"我们应该教他把鸡肉全部切好了再吃，还是教他切一片吃一片？"谁能想到教一个孩子使用餐刀可以这么复杂呢？

我的建议是，按照你常用的方式来教孩子使用餐刀。如果你和孩子他爸（妈）的方式不一样，你们需要统一一下，然后按照其中一种方式来教孩子，并且不要随意改变。（当然，如果你惯用左手，而孩子惯用右手，那你需要做出适当的调整。）

复盘，再评估，更新方案

所有的行为教学都需要定期地检核进度，进食也一样。孩子开始接受更多的食物了吗？尤其是开始接受更多有营养的食物了吗？他在学习使用吸管方面有进步吗？食物清单中"中等"的食物变成"简单"的食物了吗？就餐时间的问题行为有减少吗？如果以上问题的答案为"否"，那你需要重新进行评估，来详细检核一下教学的情况。然后根据本章里面推荐的相关策略来更新你的干预计划。

改善孩子进食和营养摄取的问题应该是我们终生的目标，需要持续的努力。虽然进食的问题是你尤为想解决的问题之一，但是我们也不可能一下子就解决掉。

还有可能，对于你和孩子来说，睡眠问题是当前优先级更高的。下一章我们会讨论这个问题。

第十一章

停止床上的打闹：解决睡眠问题

在卢卡斯2岁到10岁的整整八年间，我们很多个夜晚都在进行"抢床大作战"。卢卡斯会在睡前服用褪黑素（一种辅助睡眠的非处方药），但他还是经常会在半夜醒来。一旦他醒了，就会离开自己的房间，跳到我们床上，然后大多数时候会重新睡着。如果这时我们把他带回自己的房间，他就会惊醒，而且变得异常活跃。有时候我不得不陪他从凌晨2点坐到5点。

卢卡斯10岁的时候体重已经超过了100磅，我开始担心他半夜跳到我床上的时候可能会伤到我。想象一下，在我沉睡的时候，100磅的卢卡斯突然猛地朝我砸过来。

很多个夜晚，我们都必须在两种情况中做出选择：要么待在卢卡斯房间里面一直陪着他，直到确保他睡着；要么允许他跟我们一起睡，这样卢卡斯可以很快睡着。无论选哪一种，我们的睡眠质量都不会很高，这样的情况持续了八年！

因为我的两个孩子都是母乳喂养的，所以在他们小的时候，兄弟俩总有至少一个是跟我一起睡的。虽然关于孩子跟父母"一起睡"的话题有很多争议，但这个情况是普遍存在的。有些家庭，尤其在有些文化背景里，全家所有人都会睡在一起，而且持续很多年。

在孩子的婴儿时期，无论孩子睡在哪里，大部分父母都会经历睡眠不足，因为需要频繁地起夜喂奶。但是当孩子六个月大甚至一岁之后，可以不再吃流食，夜间喂奶也不太必要的时候，我们就不再需要频繁起夜了。

因为我丈夫是医生，而我又有两个年龄差距超过18个月的孩子，让他们各自在自己的床上睡到天亮简直就是"做梦"才会发生的事情（这个一语双关毫不夸张)！在 1999 年卢卡斯被确诊、斯宾塞还需要准点喂奶的情况下，我完全不知道应该怎么做到这点。这也是为什么我整整八年都没有睡过整觉，只有在出门在外的时候才可以好好睡觉。我常常调侃说，我参加那些孤独症研讨会不仅仅是为了学习如何更好地帮助卢卡斯，也是为了能独自在酒店好好睡一觉。

如果你的孩子有孤独症或者发育迟缓，你可能也会发现他跟卢卡斯有一样的问题：孩子到了三岁、四岁、五岁甚至更大一些都不能整晚地睡觉。研究显示，80%的孤独症孩子都有睡眠问题，具体表现为入睡困难、不能整晚安睡、无法独立入睡或者经常会在天亮之前醒过来。

大量的研究都表明，睡眠不足的危害很严重。这可能会损害我们的免疫系统，会带来糖尿病、肥胖、心脏疾病、情绪障碍以及其他一系列问题，还有可能会缩短我们的寿命。孤独症孩子在睡眠不足的时候也更容易出现问题行为，学习状态会更差。

如果睡眠不足的状态持续下去，你和孩子的健康甚至有时候家里其他人的健康都会受到影响。特别是有兄弟姐妹跟孩子一起共享房间的情况，另外的孩子最终也会遭受睡眠不足的危害。

如果你是一位谱系儿童的父母，每天承受着孩子的诊断带来的压力，处理着孩子情绪、如厕、安全、语言和社交等一系列的问题，你要怎么在自己睡眠不足的情况下应对这些？而孩子在半夜醒来的时候，你肯定会想尽一切办法让他尽快入睡，哪怕这个方法在长期来看是无益的——例如成年累月地让孩子跟你睡一张床，甚至在半夜开车带孩子兜圈（孩子在车上容易睡着）。

让孩子能尽快独立地在自己的床上安睡，对于他自己来说也是紧急而重要的事情。

在早些年，基本都是我独自处理卢卡斯的睡眠问题。毕竟我那会儿不用出门工作，而我丈夫又是一名急诊室的医生。他必须保证充足的睡眠，否则病人的生命安全无法得到保障。

卢卡斯七岁时，我拿到了行为分析师的认证。虽然我已经有了行为干预的知识和经验，但是长期的睡眠不足让我无法客观看待和解决卢卡斯的睡眠问题（或者往大了说，我们全家人的睡眠问题）。

实际上，在卢卡斯 10 岁的时候，我已经在写《语言行为方法》这本书了。我丈夫对我说："无论你在书里写什么，都不要写关于睡眠问题的解决建议，因为我们自己都还没有很好地解决卢卡斯睡眠的问题。"他说得很对。所以在那本书里看不到任何一条关于睡眠的建议，因为那时的我没有能力可以给你们建议。

就在那本书出版（2007 年）之后不久，我偶然间发现了更好的解决办法。借着有一次去俄亥俄州做工作坊的机会，我跟另外一位行为分析师吃了顿饭。我给她分享了很多卢卡斯语言和行为的干预情况——这些都是我擅长的。

然后她问我卢卡斯睡眠的情况。我只能如实回答，睡眠对于我们全家人来说都是个很大的挑战。巧的是，这位行为分析师很擅长解决睡眠的问题！在我给她描述完卢卡斯的睡眠情况以及我们已经尝试过的方法之后，她告诉我她一点都不赞同我们用过的所有方法，这在我的意料之中。

她向我提了一些很实用的建议：（1）不要再让卢卡斯睡在我们床上；（2）锁上我们卧室的门；（3）在他试图来我们房间的时候立即把他送回自己房间；（4）不要在他房间里面装电视（尽管最开始的时候看电视确实能帮助他入睡）。

我回家之后制定了一个方案，尽我最大的努力把她的建议都囊括了进去。首先，我对卢卡斯说："我晚上会反锁卧室的门，你得在自己的房间睡觉。如果你可以整晚自己在房间睡觉，早上起来就可以得到一块额外的曲奇饼干。"当时他可能并没有完全明白我的话，但是在我们实行这个策略的第一个晚上，他很快就理解了。

第一个晚上，他从房间里面出来了三次，转动我的房门把手并敲门。每一次我都会打开房门，带他回到自己的房间，提醒他在自己床上睡觉明早就可以得到曲奇饼干，跟他说晚安，然后再回我自己的房间，重新锁上门。我还记下了卢卡斯每一次敲门的时间，以及他被送回去的时候有没有出现问题行为。

第二天晚上，卢卡斯来了我的房间两次。第三个晚上，他只敲了一次门。

在那之后，他再没有在半夜来我的房间。持续八年的睡眠困扰，只用这个简单的策略三个晚上就彻底解决了问题！我责怪自己竟然让问题存在了这么久。

跟卢卡斯一起成功地解决了睡眠问题之后，我又帮助很多父母和家庭成功地解决了各种各样的睡眠问题。

制定你自己的睡眠干预方案

解决睡眠问题同样也要从评估开始。我很理解，如果你现在处在严重睡眠不足的状态，可能会排斥评估。坚持一下，因为评估是逃离"缺觉"魔咒的第一步。在前面章节中提到的其他评估信息也是有用的，可能会在一定程度上帮助你解决孩子睡眠的问题。例如：孩子在洗澡时间或者睡觉时间有问题行为，那你在之前章节学到的问题行为处理策略就可以用得上了。你和孩子的睡觉时间中发生的每一件具体的事情都很重要，有可能某个细节就会影响到孩子的睡眠。

以下是一份关于你和孩子睡眠习惯的问卷。填写该问卷，纸质版和电子版都可以（问卷可以在 TurnAutismAround.com 网站上获得）。

在干预过程中你还需要持续跟踪进展，这样可以及时掌握重要的情况。

睡眠习惯评估问卷

1. 在 24 小时内，你孩子的平均睡眠时间为：＿＿＿＿＿

    夜晚入睡时间：＿＿＿＿＿

    醒来的次数：＿＿＿＿＿

    小憩（如果有）：开始时间：＿＿＿＿＿　结束时间：＿＿＿＿＿

2. 描述一下孩子一般在哪里睡觉：

    房间的安全性怎么样（家具会不会倾倒，窗帘有没有绳子，窗户有没有关好，等等）？

    孩子是在婴儿床、双人床上睡？有跟其他人共享房间或者睡一张床吗？

    如果孩子有小憩的习惯，他一般在哪里睡觉？

3. 孩子现阶段的睡前流程是怎么样的？

   孩子在睡前会吃零食吗？会在睡前服药或者营养补充剂吗？

   孩子在睡前会洗澡、刷牙和/或上厕所吗？

   孩子在夜间会使用奶嘴吗？会抱着特定的毛绒玩具或者小毯子吗？

   孩子在睡前会看平板、听音乐或者看电视吗？

   你会给孩子读睡前故事吗？会躺着或坐着陪孩子直到他睡着吗？

   孩子会在沙发上睡着，然后你把他抱去床上吗？

4. 描述一下孩子的睡眠情况：

   孩子一般需要多长时间睡着？

   孩子在半夜醒来了会做什么？

创建你的睡眠计划

如果你的目标是孩子能够在自己的床上睡到天亮，那达到目标的唯一方式就是在完整的评估之后建立新的就寝流程。如果可以的话，我建议让一位家长先主导第一次计划的执行。在计划成功执行了几天或者几周之后，接下来就要让孩子的所有照顾者都理解并严格执行这个计划。你的计划还需要一些试错和调整，直到完全适合你的孩子。

还有一些重要事项要注意：

从始至终都需要确保安全。 要严格确保孩子不会离开房子、不会对自己或者他人造成伤害，也不会损坏任何财物。必要的时候可能需要将孩子房间里面的所有家具都清空，这样就不会出现孩子爬家具然后被砸到的情况；或者把所有的家具都固定在墙上（所有的卧室都应该这样）；或者只在地板上留一张床垫，直到孩子可以独立地整晚安睡。这听起来可能会过于严苛，但是睡觉对于你和孩子来说都是非常重要的事情，所以你必须采取一切必要的手段来保证安全和完整的睡眠。

必要的时候，让孩子从婴儿床过渡到常规的床。 如果你的孩子在婴儿床上睡觉没有问题，那么在三岁之前都不必撤掉婴儿床，除非孩子开始不断地从婴儿床里面往外爬。一旦孩子可以独立上厕所，就可以让他睡在常规床上了。这样他可以自己走去洗手间。当你帮助孩子从婴儿床向常规的床过渡时，可以让这个过程变得更有趣一些。例如你可以带孩子一起去选购新的床、新的床单，还有一些新的毛绒玩具和毯子等。

取消或者减少小憩的时间。大部分孩子在两岁的时候就不需要在上午小睡了，在三到六岁之间不需要在下午小睡了。有些孩子（无论有没有孤独症）如果在白天休息了晚上就睡不好。如果你的孩子有午睡的习惯，那最晚要在下午3点前醒来。如果孩子从下午3点睡到5点，那他很有可能在晚上8点或者9点应该睡觉的时间睡不着。还有，要把小睡的时长限制在60到90分钟左右，甚至可以更短。儿科医生通常会建议一到三岁的孩子每天睡12到14个小时。到三岁的时候，大部分孩子每天的睡眠时间可以减少到10到12个小时（包括小睡时间）。

你可能觉得每天孩子小睡的时间是你唯一的休息时间，你并不想"失去"它。如果你的孩子正在上早教课，早教中心也通常会安排固定的午睡时间。鉴于以上两种情况，将小睡时间变成"安静时间"是个不错的办法。具体来说，你需要确保孩子的卧室是安全的，并且准备一些安静的玩具和书给孩子。我建议将这些玩具和书放在一个特定的盒子里，并且定期更换。这样孩子就可以在"安静时间"使用这些在其他时间接触不到的材料了。

考虑给孩子戒掉奶嘴和奶瓶，尤其是当它们影响到睡眠时。在上一章我们讨论过给孩子过度使用奶嘴和奶瓶的危害性，我也给过你一些戒断的建议。如果奶瓶和奶嘴的使用也影响着你和孩子的睡眠，那么你又多了一个充分的理由来进行戒断。大多数孩子在一岁的时候就会戒掉奶瓶，而很多父母也发现：如果继续让孩子使用奶瓶的话，过了一岁之后就会更加难以戒断。用奶瓶喝牛奶或者果汁会导致龋齿，尤其是当孩子含着奶嘴入睡的时候。而且孩子半夜醒来如果发现奶瓶空了，他可能会想要重新装满再含着睡觉。帮孩子在晚上戒掉奶瓶迟早都是有必要的，无论是孤独症孩子还是普通孩子。

前一章提到，奶嘴的过度使用对牙齿和口腔的发育也有危害。睡觉时间到了，给孩子一条特定的毯子或者毛绒玩偶替换掉奶瓶或者奶嘴。当孩子半夜醒来时，毯子和玩偶就可以发挥安抚的作用，让孩子再次入睡。

调整孩子的饮食习惯，避开刺激性的食物。 你需要限制孩子在晚餐后的饮水量，并且避免给孩子吃辛辣的、容易胀气的或者其他任何容易引发肠胃不适的食物。不要在下午和晚上给孩子吃复合维生素片。因为孩子年龄小，所以我们应该避开一切含咖啡因的食物。避开甜食和含有色素的食物也会帮助很大。

让孩子的卧室变成专门睡觉的地方。 卧室不应该成为一个追逐嬉戏的地方，不要让孩子在卧室里跟兄弟姐妹打闹，也不要进行挠痒痒、看电视或者玩玩具、玩平板之类的活动。如果孩子习惯在半夜起来玩玩具，你需要将玩具和书从卧室里面拿走或者放在另一个专门的房间里面。尤其是那些可能会给孩子造成意外伤害的玩具和书籍，需要从卧室中移除。如果目前孩子的房间里面没有电视，也不要允许孩子在睡觉前使用电子产品，我强烈坚持这一点。如果孩子的卧室跟卢卡斯一样已经拥有了电视，并且看电视可以帮助他入睡的话，那你可以暂时地留下它。至少电视你是可以控制的，例如拿走遥控器或者设置定时关机。而其他手持的电子设备经常会导致睡眠问题，并且更难控制，也很难设置自动关机。如果电视、平板或者其他的电子设备已经成为了孩子睡前的必备，那么你需要帮孩子逐渐地戒掉他们。

睡觉时间不要让孩子去厨房或者起居室。 当孩子已经在浴室或者卧室里面进行睡前准备时，就不要再让他回到起居室或者厨房了，不要再让孩子吃零食或者玩手机/玩平板/看电视了。你可能需要在孩子房门口和楼梯口装上儿童围栏，并且像我一样锁上自己卧室的门。

不要躺在床上陪孩子入睡。 一旦孩子睡前必须要你陪着，就很难改变了。如果你已经习惯了跟孩子一起躺在床上陪他入睡，那你可以从现在开始改成坐在床沿上或者坐在床边的椅子上。如果有必要的话，你可以躺在房间里的行军床或者气垫床上，逐步过渡，直到孩子可以接受独自睡觉。如果你想要以后能安静地在自己房间睡觉的话，一定要坚持下去，直到孩子养成良好的睡眠习惯。

不要让孩子在客厅的沙发上睡觉。 如果孩子每次都会在客厅睡着，需要你将他抱回床上，你要尽快改变这种状况。用不了多久，你就会抱不动他的！如果孩子半夜醒来发现自己不在沙发上，他可能会因为环境变了而很难再次入睡。最好让孩子入睡和起床的时候都处在同一个环境。

使用儿童围栏来保证孩子的安全。 你可能需要在孩子房门口和楼道口装上儿童围栏，防止孩子半夜醒来后走出房间或者走下楼梯四处闲逛。对于穿纸尿裤睡觉的宝宝来说，我建议可以在房门口装围栏。而对于可以自己独立上厕所，并且半夜可能需要去洗手间的孩子，我建议在楼梯口或者其他非必要的通道口装上围栏。

如果孩子还不能独立上厕所，记得在半夜更换纸尿裤。 孩子在半夜保持干净和干爽是非常重要的，所以如果孩子半夜醒来的时候纸尿裤是脏的，我建议给他及时更换，消除不适感能帮助他重新入睡。如果孩子在夜间需要更换太多次纸尿裤，你可能需要适当减少孩子睡前的饮水量，并且参考下一章讲述的策略来教孩子独立上厕所。

谨慎使用褪黑素。 如果你已经帮助孩子建立了良好的就寝流程，但孩子还是很难入睡，你就可以咨询一下医生是否可以使用褪黑素。褪黑素是我们人体本身也会分泌的一种自然激素，研究表明孤独症孩子可能会出现褪黑素分泌不足的问题。1999 年那位对卢卡斯进行确诊的儿科医生就曾经建议过我们使用褪黑素，主要是考虑到卢卡斯从小就有很严重的睡眠问题。我有很多客户也在服用褪黑素——但是请注意，褪黑素也有可能带来副作用，加剧孩子多梦和梦游的问题。

孩子半夜醒来的时候，采取一致的策略冷静应对。无论孩子半夜醒来的时候是在哭闹、跑出房间还是敲你的房门，你只需要平静地将他带回房间，可以跟他说："宝贝你醒了，我们一起回你房间吧，晚安。"你可以强调一下第二天早上他可以得到的强化物："记住，如果你自己在床上睡到天亮，你就可以在早上得到曲奇饼干（或者其他的强化物）啦。"

不要在孩子的房间里待太久，除非考虑到孩子的问题行为，孩子必须要你陪着才能重新睡着。有些孩子需要父母在床边或者摇椅上坐着，或者在气垫床、地板上躺着，陪着他们平静下来，重新入睡。如果你的目标是让孩子在自己床上独立入睡，请一定坚持不要跟孩子睡同一张床。

你的就寝流程检查表

就寝流程检查表包含了所有你需要做的事情和孩子需要做的事情，需要在每天睡前的准备时间里完成。要建立新的就寝流程，你需要首先做出以下决定。

决定好强化物是什么。就像我奖励给卢卡斯的曲奇饼干一样，你也需要选一样奖励作为强化物。这需要成为就寝流程的一部分，而且你需要决定什么时候给孩子，以什么形式给孩子。

永远要记得随时表扬孩子，在这之外还可以给孩子一些零食或者电子产品，作为对他好好睡觉的奖励。对于语言理解能力好一些的孩子，也可以使用代币板。如果孩子表现好，第二天早上可以在代币板上给孩子一个小贴纸，等到一周之后贴纸集满了，孩子就可以得到一次去超市的机会或者得到一件新的玩具。根据你对孩子的了解，尝试不同的强化物直到找到孩子真正喜欢的那一个。对于卢卡斯来说，第二天早上的曲奇饼干很有用，但是这个等待时间对于有些孩子来说可能太长了。

一旦你找到了有效的强化物，就不要随意地变换。要知道问题行为往往在强化物不足或者要求太高的时候出现。找到强化物和要求之间微妙的平衡是至关重要的。如果孩子入睡很困难，尝试把孩子的就寝时间往后调一点，等到孩子真正累了的时候再就寝。保持一致很重要，如果你想尝试更晚一些的就寝时间，那至少要保持一周，并且通过记录数据来监测这个策略是否有效。就寝之前的准备时间不宜过长，不要拖到几个小时这么久！

就像我们希望孩子能主动"跑向"学习桌一样，我们同样希望孩子能主动去洗澡、换好睡衣然后上床睡觉。如果孩子在这其中的任何一个环节出现了尖叫或者抵触情绪，那么你都需要进行干预（第十三章中讲述的策略也许可以帮助你重新配对这些场景，让孩子爱上就寝流程）。

明确一位负责人。如果条件允许的话，我建议选择一位家长或者照顾者作为就寝流程的负责人——至少作为阶段性的负责人，直到流程完全建立起来。父母两人轮流可能会更方便一些，但是这样流程可能会不一致，影响到孩子的规则建立。例如，你会让孩子先换好睡衣再去厕所刷牙，而你丈夫则习惯让孩子先刷牙再洗澡，然后再换上睡衣，这些不一致有可能让孩子手足无措，也会影响到他的睡眠。如果父母双方决定一起参与孩子的就寝流程，那么一切都必须严格按照定下来的流程进行，并且在每一天都保持一致。也正因如此，在制定就寝流程的时候，你要尽可能地把每一个具体的步骤写清楚。

在制定就寝流程检查表之外，我们还采取了一个非常有用的小策略，让我、查尔斯以及保姆都能够在执行就寝流程时保持一致。我们制作了一本名为"睡觉时间"的相册，在里面放了每一个就寝步骤的照片，按照顺序排列。然后无论那一天是谁来帮助卢卡斯，都会让卢卡斯自己翻开相册，按照固定的步骤来进行。

下面是一份就寝流程检查表的范例，目标是帮助一名四岁的孤独症女孩儿在没有父母的帮助下做到独立就寝。父母在女儿的卧室门口装了安全围栏，并且刚开始的几个晚上在女儿房间陪着她入睡。现在女孩儿已经可以独自在自己房间睡整晚了。

就寝流程检查表　范例

孩子的任务（按顺序排列）	父母的任务（按顺序排列）
＿＿上厕所	＿＿调暗台灯，打开小夜灯
＿＿在大人辅助下完成洗澡	＿＿坐在床边，给孩子读三本书
＿＿在卧室换好睡衣	＿＿打开助眠音乐
＿＿梳头	＿＿关掉台灯
＿＿在大人辅助下完成刷牙	＿＿亲吻孩子，跟孩子说晚安
＿＿从书架上挑选三本书	＿＿跟孩子明确强化物的规则
＿＿躺床上／睡觉	＿＿关好安全围栏

"拯救"马克斯的就寝流程

在我对两岁的马克斯进行干预的时候，他完全不受控制，没有口语，很依赖奶瓶，并且每天都有好几次情绪大爆发。但那个时候他还没有诊断。

在我开始干预的四个月后，他的能力有了提高，并且最终在评估中没有收到任何的诊断，尽管他还是需要一些持续的干预，直到五岁。

马克斯在刚开始的时候问题太多，以至于他妈妈在他三岁之前从来没跟我提过他的睡眠问题。有一天，他妈妈实在是精疲力竭了，于是提到了这个话题。

马克斯有一个姐姐，那会儿上一年级，而马克斯每周有三天的上午会去早教中心。马克斯下午会睡一会儿，但每天晚上都没办法好好睡觉。每天下午的休息时间，马克斯并不是在自己床上睡，而是要求妈妈抱着他在沙发上睡。他"需要"摸着妈妈的大拇指才能睡着。马克斯午觉会睡一两个小时，在这期间他妈妈也需要一直坐在沙发上不能离开，直到她必须去接姐姐放学的时候才不得不叫醒他。午睡已经给他妈妈带来了很多的困扰，而晚上的就寝时间只会更加艰难！

马克斯从来没有在自己床上入睡过，更没有独自睡到天亮。他躺在客厅的沙发上，看着电视入睡。然后父母（通常是他爸爸）会把他抱到房间去。尽管他只有三岁，但是体重却接近50磅，而且他在睡着的时候会更沉，抱着他走回房间对于身材娇小的妈妈来说是一件非常困难的事情。有时候，马克斯会在被抱回房间的途中突然醒来，如果他醒了，父母就会陪他一起躺在床上直到他睡着。大部分晚上，他都会在半夜醒过来，要么爬到父母床上，要么就是爸爸或者妈妈陪他躺着，直到他们一起在床上睡着。就像我们家一样，他们家也上演了多年的"抢床大战"。

为了解决马克斯的睡眠问题，也为了改善全家人的睡眠质量，我们开始评估马克斯的午睡情况和就寝流程（你会在后面看到这些材料范例）。马克斯到两岁半的时候还非常依赖奶瓶，所以我们帮助他戒掉了含着奶瓶入睡的习惯。

我在评估中发现，马克斯和姐姐会在洗完澡之后去厨房吃零食，再回到客厅去看电视。我跟他父母提出了这点：一旦孩子洗了澡、刷了牙，并且换上了睡衣，接下来唯一的一件事情就是上床睡觉了。这样可以避免看电视、在沙发上睡着以及被抱上楼的一系列问题。虽然把一个四五十斤的孩子从沙发抱到床上也不是很大的问题，但还是会有安全隐患，而且孩子再重一些爸妈就真的抱不动了。

马克斯到晚上的时候得有一定的倦意才能入睡，所以午睡时间被逐渐缩短，最后取消了。当马克斯和姐姐分房间睡了之后，我让他妈妈在两个房间之间轮流走动。她会给马克斯读一两本书，然后告诉他妈妈接下来会去姐姐那里，之后再回来。在等妈妈回来的这段时间，马克斯就安静地躺在床上，而他经常就在这段时间里面自己睡着了。

马克斯到三岁才学会独立上厕所。在这之前，父母在他卧室门口装了安全围栏，并且在他半夜醒来的时候给他更换纸尿裤，然后帮助他回到床上。他妈妈也不再陪他一起睡觉，而是提醒他，如果他能自己睡到天亮的话就可以得到零食。

马克斯只用了一两周就适应了新的就寝流程，在那之后，全家人都有了充足的睡眠！

记录你的数据

在跟踪记录就寝流程清单之外，你还可以使用第六章中我们提过的日历表来记录孩子的睡眠数据；这个日历表也可以替代就寝流程清单。在刚开始的时候，你可能两种记录都需要，如果孩子跟马克斯一样能够迅速适应新的调整，那你就只需要在日历表上记录孩子的午睡和夜晚入睡的时间。简单的数据记录可以帮助你直观地看到哪些策略是有用的，哪些是没用的。你需要记录孩子成功完成的每一步流程以及完成的具体时间，还有孩子上床睡觉的时间和他醒来的时间（如果半夜醒来的话），以及再次入睡的时间。你还需要记录一下孩子完成每一步流程时，你提供的辅助种类及次数。

在你建立新的就寝流程的时候，要记录孩子是否服用了催眠类的营养素和药物（包括剂量）、午睡的时间和时长、是否在半夜醒来、半夜醒了之后会做什么、半夜醒来之后会不会有问题行为以及其他任何你认为重要的信息。

你的记录越详细越好。这些不仅仅可以帮助你和专家团队对睡眠计划作出针对性的调整，还可以让你们随时掌握孩子的进展。

例如：你可能通过数据发现，睡前看电视会让孩子变得过度兴奋。你要关掉电视或者限制睡前电子产品的使用，换成在睡前给孩子读三本书。你还发现，稍微推迟就寝时间或者取消洗澡之前的零食对孩子更好。每个孩子都是独一无二的，所以做个有心人，密切关注孩子的表现，直到你明确接下来需要做什么。

最重要的是，要一直把注意力集中在终极目标上面——孩子能够在自己床上独自睡到天亮。永远不要低估睡眠的重要性，这关系到每一位家庭成员的身心健康。必要的时候求助专业人士，在找到问题的解决方法之前不要放弃。

读到这里你应该已经发现了：所有这些能力领域的发展都是有交叉的，例如奶嘴的使用会影响到孩子的语言、进食和睡眠等问题。在接下来的第十二章中，我们会讨论到另一个重要的问题——如厕训练，这也是困扰着很多家庭的问题，还可能会影响到孩子的睡眠。除非你的孩子在白天和夜间都可以独立地完成如厕的所有流程，包括自己大小便、自己洗手、自己清洁等，如果不能做到，那我建议你详细地阅读下一章节。

这是一份用作每周日历记录的就寝流程表范例：

TAA 就寝流程表
玛丽·巴伯拉博士制作

姓名：Susie（SC）　　　　　　　　年龄：4 岁

目标：在没有父母辅助的情况下，能独立入睡，并且安睡到天亮。

I-独立做到　V-口语辅助　M-示范　PP-部分肢体辅助　F-全肢体辅助（手把手的）

就寝数据	周一 5/1	周二 5/2	周三 5/3	周四 5/4	周五 5/5	周六 5/6	周日 5/7
孩子的任务							
1. 上厕所	I						
2. 洗澡	PP						
3. 在卧室换好睡衣	F						
4. 梳头	M						
5. 刷牙	M						
6. 从书架上选三本书	V						
7. 上床睡觉	I						
褪黑素服用时间	7：30						
服用量	1 毫克						
上床时间	8：00						
在父母的任务完成后							
时间：睡着	8：20						
时间：中途醒来	10：40 到 11：05						
时间：次日早晨醒来	6：30						

备注：
卧室门口装了儿童围栏。
父母坐在卧室里的椅子上，直到 SC 睡着。

第十二章

摆脱纸尿裤：如厕训练

正常发育的孩子一般到四五岁就完全可以自己独立上厕所了，但是孤独症孩子却不是。我曾经做过一次家长调查，结果显示只有50%的孤独症孩子在5岁时能做到独立如厕。而许多已经接受过如厕训练的孩子仍然高度依赖额外的辅助，家长们也还在为尿裤子和便后清洁等问题头疼。

你也许想知道什么时候开始如厕训练合适，而常规的判断标准是否适合于孤独症孩子。你可能正在承受着来自早教中心或者幼儿园的压力，你必须让孩子尽快学会独立上厕所，否则在下一次升班的时候孩子可能会被留级。而你的孩子可能还会有一些肠胃方面的问题，例如腹泻和便秘，这会让事情变得更加复杂。

家长们遇到的问题是多种多样的（普通孩子和孤独症孩子都是）。有的孩子遇到不熟悉的洗手间，都不愿意走进去。有的孩子大便时一定要把全身所有的衣服都脱掉。有的孩子会憋着不上洗手间，出现便秘问题，有的孩子不愿意坐在马桶上面。

如果一个孩子到了一定年龄还不能独立如厕，那整个家庭都需要额外付出大量的时间、精力和资源。这会影响到家庭生活的方方面面，包括请保姆、去公共泳池、坐飞机出行、去餐馆吃饭、参加社交活动以及进入主流学校上学等。还会影响到孩子的社会融入程度。尽管孩子自己可能意识不到大小便带来的社交尴尬，但这会让家人感到不适和难堪，尤其是当其他兄弟姐妹也在场的时候。老实说，卢卡斯到五岁时还会弄脏裤子的情况给了我很多压力，那也是我最难熬的一段时间。

除了社交方面的尴尬之外，你还需要负担高昂的费用来购买额外的纸尿裤,更不用说等孩子大了之后,大号的纸尿裤真的很难找。你还需要支付早教中心的额外费用,费丝妈妈在幼儿园交的学费是最贵的一级,因为费丝到三岁了还离不开纸尿裤。曾经有一位家长跟我这样描述如厕训练:"这是我们给儿子教过的所有生活技能里面最难教的,但又是最重要的一项技能。"

如果你的孩子已经超过三岁了,你可能已经尝试过如厕训练,但效果不理想。这不是你的错,但这些"错误的开始"有可能让孩子有了一些抵触情绪。所以本章的目标就是帮助你制定一份"轻松的"如厕训练计划。你曾经尝试过,但是半路放弃了也没关系,接下来你会学到一些适用于绝大部分孩子的实用策略。

我会教给你"三步"如厕训练方法,这样你就知道在什么时间、如何开始了。有一点很重要:对于如厕训练的规划越早越好,只要你现在开始行动,多晚都不算晚。

评估:孩子准备好了吗?

如果你之前有查阅过一些儿童如厕训练的相关资料,你可能会找到一份先备技能的清单,让你参照判断孩子是否已经可以开始如厕训练了。通常来说,常规发育的儿童需要能连续两个小时保持衣物的干爽,当纸尿裤脏了的时候能表现出不适感,而且排便时间比较规律。他们还需要具备一些其他的基础能力,例如能执行简单的指令、能自己穿脱裤子、能要求穿上内衣裤和自己要求上洗手间。

对于有孤独症或者多动症诊断的孩子来说,我发现他们不一定需要具备以上所有的先备能力才能开始如厕训练。你需要根据孩子的具体情况来决定什么时候开始进行干预。当然最重要的一项先备条件就是,你能够让孩子愿意接受你的强化物,并且开心地坐下来跟你一起学习新的技能。

首先,你需要考虑的是孩子实际的能力水平而不仅仅是他的生理年龄。如果你的孩子生理年龄是三岁,而实际能力水平只相当于九个月大的孩子,那你需要在进行如厕训练之前侧重解决其他的重要问题,例如愿意待在指定的学习区,能执行一步指令,能在帮助下洗手等。对于一个生理年龄三岁,实际发育年龄不到一岁的孩子来说，我不建议进行密集的如厕训练。

你的孩子可能已经四五岁了，语言很少，能力发育相当于 18 个月大的孩子。而随着孩子年龄的增加，如厕训练的需求会越来越迫切。但是无论怎样，我建议在开始如厕训练之前，还是需要先让孩子具备基础的学习能力，将学习桌和学习材料进行配对。我发现，如果孩子不能欣然地"跑向"学习桌，那他也不会有太高的学习意愿来进行如厕训练，甚至会出现抵触情绪。所以再强调一遍，在开始如厕训练之前，你需要提高孩子的学习意愿，并且找到孩子的有效强化物。

如果孩子不排斥洗手间和马桶，或者至少在洗手和穿衣服的时候比较配合，这都是有助于后续学习的开展的。观察一下，孩子需要排便的时候会跑开或者躲起来吗？这说明孩子有便意的时候自己是知道的，而不是像婴儿那样无意识地排便。如果孩子排便比较规律，并且夜间不需要换纸尿裤的话，说明孩子已经具备了一些基础。

如果你的孩子还不到三岁，你可能还没有正式开始规划如厕训练，但是在孩子 12 个月到 18 个月大的时候开始"准备"是比较好的。你可以让孩子练习坐在马桶上，同时给他最喜欢的强化物，每天练习几次。这样在你后面正式开始如厕训练的时候，孩子不会排斥去洗手间，也会把坐马桶跟"好东西"（他喜欢的东西）联系在一起。

如果你的孩子还不到两岁，我不建议你要求他去马桶上大小便，也不建议你太快地从腰贴型纸尿裤换到拉拉裤或者普通内裤。但是先让孩子适应马桶会让后面的训练更加容易。

如果你的孩子已经具备了一些语言技能，尤其是提要求和执行简单指令的能力，我建议可以将如厕训练加到你的干预计划中。

马克·松德博格教授编写的清单可以帮助你来评测孩子的如厕技能是否出现了落后，以及具体落后了多少。

你从清单中能看到，常规发育的儿童也是先从在马桶上尿尿开始，然后才做到在马桶排便和在夜间独立如厕。

如厕：先备技能（24 月龄）

__对强化物有反应
__能执行简单指令
__纸尿裤脏了之后有不适感
__能持续 2 小时保持纸尿裤和衣物干爽
__排便时间是规律的
__能自己脱裤子
__能穿好裤子（在辅助下）
__能安坐 2 分钟

如厕（36 月龄）

__能通过单词、手势或者图片交换沟通系统（PECS）来表达如厕需求（例如：厕所，尿尿，代表马桶的手势）
__能主动要求上洗手间
__能脱裤子（解纽扣/拉拉链/解子母扣）
__坐在马桶上
__小便后自己擦拭（女孩）
__在马桶上大便
__大便后自己擦拭（在帮助下）
__穿好内裤
__把裤子拉起来
__扣好纽扣/拉上拉链/扣好子母扣
__冲厕所
__洗手（在帮助下）
__擦手

如厕（48 月龄）

__站着尿尿的时候能瞄准马桶（男孩）
__自己擦拭清洁（女孩从前往后擦拭）
__能拉好拉链
__能扣好纽扣
__能扣好子母扣
__洗手并擦干（作为如厕流程的一个环节）
__夜间也能正常如厕（偶尔可能出现尿床）

你的评估及数据记录系统

你可以使用 TAA 如厕训练表格来记录每一次干预的情况（表格可以在 TurnAutismAround.com 网站上下载）。记录下孩子每一次大小便的时间，以及孩子当时是穿着腰贴型纸尿裤、拉拉裤还是常规内裤，还是直接在马桶上大小便的。当孩子可以穿常规的内裤之后，你可以减少记录的数据量，只在日历记录表上记下孩子意外大小便的情况。

我们大多数人都有着自己的排便习惯，而掌握孩子的习惯可以帮助你更好地评估和调整干预的情况。比较常见的排便时间有早上起床后和饭后的 30 分钟左右。你的孩子不一定也是如此，尤其是当孩子有消化和进食的问题时。你需要观察孩子，如果他总是在饭后排便，那你就可以找准时机进行相关的如厕训练。

儿童正常的排便频率应该是每天一到两次。如果孩子排便低于或者高于这个频率，那你应该评估一下他的饮食习惯，带他去看医生，排除任何的健康问题。我推荐一本书，书名是《绝非偶然》(*It's No Accident*)，由儿童泌尿科医生史蒂夫·霍奇斯（Steve Hodges）所著。他发现，来到他诊室的常规发育儿童当中，那些因为尿床来看诊的孩子有 90% 都因为饮食结构的不合理而长期存在便秘的问题。便秘也会让孩子白天尿裤子的频率增加。而对于发育迟缓的孩子来说，这个问题会更加普遍，因为他们通常都不喜欢吃高纤维的食物，例如水果和蔬菜。

关于霍奇斯医生这本书中的内容有一点提醒：他在书中推荐了一款泻药，而很多父母都反馈这款药存在问题。当然，你在给孩子服用任何营养补充剂或者药物之前，一定要先带孩子去进行专业的评估和看诊。

制定你的如厕训练计划

当你决定开始如厕训练时，要确保接下来的两周里都有大量的时间在家，并且有精力跟孩子一起来进行练习。而在如厕训练开始后的三个月内，尽量避免家庭生活发生重大变化,例如给孩子换新学校、做手术、生育另一个孩子或者搬家等。

在你制定计划时,要从"配对"马桶和/或者洗手间开始,避免孩子有抵触情绪。

将马桶和洗手间进行"配对"

你的首要目标是将洗手间和马桶与正向的强化物配对起来,并且让整个环境变得更加的舒适和放松。如果孩子很抗拒去洗手间,那你可能需要循序渐进地进行脱敏,逐步消除孩子的恐惧。我们会在下一章详细讲到脱敏的操作,现在我们先来看看洗手间都有哪些"挑战"。洗手间通常是一个小小的空间,里面充满了坚硬的东西,有时还会有回声。而马桶冲水的时候也会产生很大的噪音。如果你的孩子非常讨厌洗手间,那你可能先要让孩子适应洗手间的环境,愿意待在洗手间且放松下来。这样下一步你才能教他从儿童坐便器换到常规马桶,到最后能成功带他使用家以外的洗手间。

进行脱敏操作时,刚开始你可以允许他不脱衣服就坐在马桶上,也可以同时使用他最爱的平板。然后让他慢慢过渡到脱掉裤子,只穿纸尿裤坐在马桶上,最后脱掉纸尿裤坐在马桶上。在这个过程中,你可以逐步地、系统地将洗手间和如厕流程进行关系配对。你的目标是让孩子能够开心地主动去洗手间——或者至少做到不发脾气。

你使用的语言

你在如厕流程中对孩子说的话要固定,可以使用儿童化的语言,例如便盆指代马桶、尿尿指代小便、拉臭臭指代大便。把这些用词写进你的方案。然后在每一次跟孩子表达时保持一致,这样孩子不会混淆。同时确保其他人的用词也跟你一致,并且在辅助时按照同样的操作流程进行。

时间表

创建一份时间计划表，定下来带孩子去洗手间的频率。在刚开始的时候，我建议每小时带孩子去一到两次——可以设一个 30 分钟或者 60 分钟的倒计时。倒计时结束时，告诉孩子："到了上厕所的时间啦。"（使用固定的语言表达。）然后让孩子坐在马桶上，设置五分钟的倒计时。如果可以的话，辅助孩子说"厕所"或者用手势表达，这样可以逐步让孩子学会在内急的时候主动要求上厕所。孩子坐在马桶上的这五分钟里，可以给他最喜欢的玩具、电子产品或者图书。

教学材料与强化物

如果孩子还小，你需要一个儿童便盆。我建议买一个便盆和防溅网一体的，不要买那种可拆卸的，因为后者使用起来不方便。有一个我干预的孩子，他用儿童坐便器的时候总是会尿到外面的地板上，所以他妈妈给他买了一个儿童马桶圈放在家里的马桶上面，这样孩子就能用常规马桶了，还不会弄脏地板。如果使用儿童马桶圈的话，你还需要一个配套的小凳子或者小梯子，这样孩子的脚不会悬空，膝盖也能提起来。如果孩子穿纸尿裤的时候习惯站着或者蹲着排便，那放脚的小凳子也能更好地帮助孩子适应马桶。

在你开始如厕训练之后，最好给孩子换成拉拉裤，这样孩子自己也能轻易地穿和脱。那种尿了之后会变色的纸尿裤能帮助你更好地判断干湿。大多数行为分析师可能会建议直接过渡到普通内裤，但是作为一位妈妈、一名护士和一名行为分析师，按照我过去二十多年如厕训练的经验，我建议你还是采取循序渐进的方法。拉拉裤也可以在情况还不稳定的时候帮你免除清理的麻烦，也可以避免潜在的社交尴尬。当然，如果直接过渡到内裤的话，你也可以给孩子在外面加穿一层拉拉裤，免除清理的麻烦。

你需要一个计时器来计时和记录孩子坐在马桶上的时间。把你的流程表和数据表放在手边，最好是将两周的数据表和一支笔同时放在一个文件夹板上面，确保自己能随时拿到它们。

强化物也是必需的。根据孩子的偏好来选择在如厕训练时间的强化物。选几样孩子最喜欢的，然后将这些强化物限制在如厕时间专用。我建议可以用一个专门的袋子将这些强化物装起来，孩子在成功完成任务之后就可以自主选择。

要确保强化物都是具体可见的，一定要是孩子当下喜欢的，并且确保这些东西都由你来管控。大部分孩子对于贴纸或者口头的承诺不太感冒，哪怕是几分钟之后就能得到糖果也不行。而简单的"耶！"或者"做得太棒了！"之类的口头表扬也不够。有的父母发现当孩子坐在马桶上的时候给他平板很有用。然后在孩子成功地在马桶上尿尿了之后再给他额外的强化物，例如泡泡水和一小块糖果。不要通过孩子的表情（笑了还是没笑）来判断强化物是否有用。唯一的判断方法是，看这个强化物是否会让孩子的理想行为增加。

除了平板、泡泡水和糖果之外，以下还有一些其他的强化物：

1. 4盎司果汁、一小块水果或者一根冰棒。如果这些正好是孩子喜欢的，那它们作为强化物是绝佳选择，因为可以增加孩子的饮水量（后面会有更多关于孩子饮水量的介绍）。

2. 如厕时间相关的视频和图书。有些图书还有配套的玩偶和小马桶。这些特制的道具可以用来给孩子展示整个如厕的流程。你也可以用家里已有的玩具或者书中的图片来进行展示。

3. 富有趣味性的手机软件，很适合有一定语言理解能力的孩子。有的软件上还可以输入孩子的名字，创建一个长得像孩子的卡通人物，这个卡通人物的T恤上面还印有孩子的名字。孩子就可以看着卡通人物一步一步地完成如厕流程。

4. 家里如果有哥哥或者姐姐愿意演示如厕的步骤，那你可以拍照或者拍视频，然后让孩子观看学习。（当然，只需要演示流程就好，注意保护哥哥姐姐的隐私。）

5. 发挥你的创意。有一个孩子很喜欢雨伞，在他成功地在马桶上尿尿之后，父母就会跟他一起转雨伞来作为强化物。

如厕训练

如果你的孩子还很小,还没到正式开始如厕训练的年纪,我建议你可以在早上起床后和晚上睡觉前让他在马桶上坐一会儿,一来让他适应坐马桶,二来也可以观察一下他会不会尿。

经常更换孩子的纸尿裤,让他保持干爽。这样孩子就会习惯干爽的状态,一旦纸尿裤弄湿弄脏,孩子就会感到不舒服。等孩子大一些,具备了一定的语言理解能力之后,你就可以教他湿和干的区别了,你可以用湿纸巾和干纸巾来进行教学。然后你在给孩子换纸尿裤的时候,可以说:"裤裤很湿了。"这可以帮助孩子意识到他的纸尿裤湿了,并且把湿和洗手间联系起来。在换纸尿裤的时候注意不要嬉笑或者跟孩子玩闹。

每一两个小时检查一次,确保孩子没有穿着脏纸尿裤活动。如果你不确定孩子是否能保持连续两个小时的干爽,那就可以每两个小时换一次,或者每两个小时检查一次。

给孩子多喝点水,这样你可以有更多的机会让孩子练习如厕,也可以更好地掌握孩子尿裤子的情况。(注意:这个尿裤子是指孩子穿着内裤的时候大小便;如果孩子穿着腰贴型纸尿裤或者拉拉裤的话不算。)

我建议孩子每小时的饮水量(水和其他饮品)保持在 2 到 4 盎司(约 60 到 120 毫升),每天平均的饮水量保持在 8 到 10 杯。让孩子持续均匀地喝水,不要集中在某个时间大量地饮水。儿童膀胱的储存量不会太大,而每天饮水总量超过 10 杯是不健康的。你也不希望孩子养成过度饮水的习惯吧。

刚开始教男孩小便的时候也要让他坐在马桶上。不然到了后面你要教他大便的时候,如果孩子习惯了站着使用马桶,你教他坐下就会比较费劲。而一直让他坐着使用马桶,直到孩子能够独立大小便之后,你可以再教他站着小便。

孩子可能会对于你倒儿童便盆,然后冲马桶的过程感到好奇。让孩子看到这个清理过程也有助于他向常规马桶的过渡。如果孩子在穿着纸尿裤或者拉拉裤的时候大便了,只要不是软便,你也可以带孩子一起参与清理的过程。

你可以将大便扔进马桶，然后说："臭臭（或者其他你跟孩子使用的特定的词）要扔到马桶里，然后冲马桶。拜拜，臭臭！"这样可以告诉孩子大小便的正确地点。

起初，只要孩子坐在马桶上并愿意尝试大小便就给他强化物。之后，当孩子坐在马桶上小便了，就可以给他更多的强化物。如果孩子坐在马桶上大便了，他应该得到很多很多的强化物。这就是我们所说的"区别性强化"，意思是孩子完成了更困难的任务就可以得到更多的强化物，努力和奖励成正比。这个策略适用于任何技能的教学。

在孩子能完全独立地大小便之前，最好在睡觉的时候给他穿上纸尿裤或者拉拉裤。在白天的时候，你可以在孩子的内裤外面再套一层拉拉裤或者穿上防水的裤子，这样可以避免尿裤子的时候弄得太脏。人体排泄物有大量的细菌，你要避免细菌在家里传播。我有一位客户在女儿的椅子上垫了一块便宜的浴帘，在女儿尿裤子的时候方便清理。尽管尿裤子需要额外的清理，但是让孩子在白天穿着内裤可以帮助他意识到裤子弄湿了之后的不适感，从而学会主动要求去洗手间。如果你的孩子拒绝穿内裤，你可以尝试买一些印有卡通形象的儿童内裤，选择孩子喜欢的形象。

如果孩子尿裤子了或者没有在马桶上大小便，千万不要惩罚他。如果孩子将洗手间和负面的东西联系在一起，你前面的努力就白费了，如厕训练的时间也会拉长。

不用苛求完美，孩子有任何进步的时候都要给他奖励。例如孩子穿纸尿裤的时候，之前会藏到沙发后面大便，但现在可以穿着纸尿裤走到洗手间大便了，你就要及时奖励他，这也是一种进步。

鼓励独立性

培养孩子的独立性，鼓励他自己独立穿脱裤子、擦屁股、洗手。孩子的裤子尽量选择松紧腰的款式，方便穿脱。纽扣、子母扣、拉链和腰带对于幼儿来说都太难了。松紧腰也不要买太紧的，孩子要能够轻松地穿脱。也不要买太松的，这样孩子无法真正练习到穿脱的技能。

当孩子达到阶段性目标之后，你可以逐步降低带他去洗手间的频率。如果孩子在每 30 分钟去一次洗手间的频率下，连续三天没有尿裤子，你就可以调整成每小时一次了。然后根据孩子的进展，逐步地调整到一个半小时一次，再到两个小时一次。之后，持续地给他多喝水，直到孩子能主动要求去洗手间，并且很少再尿裤子。

当孩子可以主动要求去洗手间，你就可以将频率大幅度地降低到三四个小时一次了。在孩子主动要求的时候给他强化物，直到他能够持续稳定地提要求再撤除。

如果孩子不再尿裤子了，但是也不主动要求去洗手间怎么办？你肯定不想让自己的持续提醒变成孩子的习惯（除了睡前或者坐车前这种特殊情况）。要提高主动性，孩子需要及时感知到自己大小便的需求，然后自己独立地去洗手间。

要让孩子主动起来，你可以尝试以下方法：在进入洗手间或者坐在马桶上之前，暂停一下，问孩子："你接下来要去哪里？"然后让孩子回答"洗手间"或者"马桶"，必要的时候给孩子提示。

当然，如果孩子正在使用儿童专用的小马桶，你最终也需要帮助孩子过渡到使用常规的马桶。

排便和便后擦拭

有些父母在孩子学会独立小便之后就会撤掉纸尿裤，这样后续的排便问题就会变成一个难题。最好的办法就是保证孩子在马桶上排便之后能得到很高程度的强化物。如果孩子在学会使用马桶之后还会出现弄脏裤子的情况，首先要确保他成功排便后得到的强化物是足够的，都是他很喜欢的东西。

孩子有时候可能会在马桶上同时大小便。如果孩子做到了，一定要给他额外的奖励和表扬。

如果孩子在学会使用马桶之后仍然抗拒在马桶上大便，要确保增加强化物的砝码。如果孩子在需要排便的时候要求穿纸尿裤，你可以对他说："好的，我给你拿纸尿裤。在这之前，你需要在马桶上坐五分钟，我会设好计时器。

你也可以玩平板。计时结束的时候，我会给你纸尿裤。"或者你可以告诉孩子，他可以穿上纸尿裤，但是必须待在洗手间里面。"我们只能在洗手间拉臭臭。"在孩子穿着纸尿裤的时候，可以让他坐在或者蹲在马桶上，这样能让孩子将马桶和排便联系起来。

便后擦拭也相对比较难教。作为一名家长和专业从业人员，我深知这可能是个大问题。所以在刚开始如厕训练的时候就同步开始便后擦拭的教学，具体到每一个步骤。以下是步骤分解的范例：

- 拿 5 到 6 格的纸巾，然后叠起来
- 按照从前到后的方向擦拭
- 观察纸巾，判断是否已经擦拭干净
- 用过的纸巾扔到垃圾桶里
- 重复以上步骤，直到擦拭干净
- 冲马桶，洗手

在孩子能够独立完成之前，你需要手把手地教他拿纸巾、擦拭、冲水和洗手。保持耐心，你要意识到："擦到干净为止"对于很多孩子来说很难理解，因为这涉及抽象概念，尤其是对于理解能力弱的孩子来说更难。如果孩子实在不能理解，一个可行的办法是：让孩子把卷纸拉到自己膝盖处、撕下来、叠好，然后边擦拭边数数，数到三的时候扔掉纸巾，再次重复。这样孩子就可以做到独立如厕，并且"保持整洁"直到洗澡时间了。

对于撕纸巾和叠纸巾的步骤，你可以跟孩子进行额外练习。孩子穿着衣服的时候，你可以让他坐在马桶上，然后一起练习。

专家建议，女孩在便后擦拭的时候需要从前往后，来防止大肠杆菌进入阴道/尿道引发感染。男孩没有这方面的困扰，所以在教男孩擦拭的时候相对简单，从后往前也是可以的。

洗手

洗手是一项很重要的技能，在教孩子如厕之前就应该开始洗手的教学。在如厕训练的时候，洗手的重要性更加凸显，所以在孩子每一次如厕的时候

都要进行练习。

如果你的孩子还没有学会洗手，你需要制定专门的方案来教学。垫个小凳子可以让孩子够到水池，这样你就能从后面辅助他洗手了。评估每一个步骤的完成度，当孩子越来越熟练之后，你就可以逐步撤掉辅助了。

将洗手任务分解成详细步骤，但是不要分开教学，每次都按照完整的流程教一遍。在你跟孩子重复每一步的要求时，尽量使用简单的语言，例如：

- 把袖子拉上来
- 打开水龙头
- 打湿双手
- 涂洗手液
- 搓手
- 把手冲干净
- 关水龙头
- 擦手

水温调控是最难的部分，在这个环节孩子可能需要你的帮助。正如我们在讲述安全的那一章提到的，你可以在热水器上面调好温度或者装一个防烫伤的水龙头，保证孩子的安全。

保持使用同一种肥皂或者洗手液，并且放在相同的位置。如果你的孩子很排斥肢体辅助，最好的方法是把每一步示范给他看。你还可以使用我们在第九章中提到的视频示范，录一段你自己洗手的视频，然后鼓励孩子模仿你的动作。

如果孩子即将去早教中心或者幼儿园，要注意孩子可能会需要额外的提示，因为教室里的水池、洗手液甚至洗手液摆放的位置都和家里不一样。

夜间如厕训练和训练后的巩固

对于很多小龄孩子来说，整晚不尿床是很困难的事情。在你进行白天的如厕训练时，夜间可以继续给孩子穿上纸尿裤或者拉拉裤。如果孩子连续五晚以上醒来的时候纸尿裤都是干的，那可以尝试让孩子穿内裤睡觉。换成内裤之后可能偶尔还是会出现尿床，尤其是在刚开始的时候，这很正常。

如果尿床的情况持续出现，你可以考虑减少或者限制睡前两小时的饮水量。如果孩子在睡前很渴，让他喝小口水就行了。

如果孩子在半夜醒了，马上带他去洗手间。第二天早上醒来的第一件事也是带他去洗手间。保持规律的入睡时间和起床时间，在周末也是如此。

孩子在学会独立大小便之后还是可能出现尿裤子的情况，白天和夜间都有可能。如果出现了这样的情况，你需要首先排除生病、饮食变化和药物服用等潜在因素的影响。如果以上异常情况都不存在，那你可以增加强化物的量，然后继续记录孩子如厕的详细数据，分析、查找问题出现的原因。

孩子突然到了一个新环境可能会出现尿裤子的情况，例如在新的幼儿园或者参加夏令营。这种情况很普遍。他的生活节奏被打乱了，而且新环境的洗手间会让他不适应。我们需要确保孩子在新的环境中有足够的机会要求去洗手间，对于提要求的表达方式也不要太苛刻，尤其是换新学校或者换新的看护人的时候。

如厕技能的训练跟其他技能的教学是一样的，也是新行为的培养。根据孩子的年龄、能力水平和需求来制定干预方案。无论你是刚开始如厕训练还是失败后的二次尝试，都要保持耐心，保持乐观积极的态度。只要跟着干预计划走，坚持记录数据，你一定会看到进步的。

在这一章我们讨论了如果孩子排斥洗手间应该怎么进行脱敏。在下一章，我们会讨论如何让孩子对看医生和吃药脱敏，如何提高孩子在洗澡、剪头发等日常生活场景的配合度。

第十三章

看医生和理发的脱敏教程

我的一个个案马克斯，两岁，在本书中已经出现了很多次，他从来没有被诊断为孤独症。但是在我开始对他进行干预时，发现他会打妈妈，一整天都在哭闹和尖叫。而当他妈妈想带他去超市或者出门去任何地方的时候，他的问题行为还会进一步升级。

那时他们全家人需要出席一个正式的场合，所以想让马克斯换一个新发型。他妈妈叫我过去帮忙。

他妈妈没有提前预约，也没有找专门的儿童理发店（这两点是我们犯错的开始），而是直接开车带着我和马克斯去了就近的理发店。我们刚走进店门，马克斯就开始大哭。而为我们服务的是店内一位新手理发师，她当时的反应可以用呆若木鸡来形容。马克斯一直在尖叫、痛哭流涕，并且不断地动来动去，理发师完全没有办法好好理发。对于在场的所有人来说，那都是一段可怕的经历。

理发、看医生、看牙医这些任务对于普通小朋友的家长来说都是极具挑战性的，很多父母甚至会选择尽量逃避。而孤独症孩子由于感知觉失调和沟通能力缺乏的问题，常常更难完成这些活动。好在我们还是有一些方法可以帮助孩子脱敏。

"脱敏"这个词可能听起来有些吓人，但它绝对是一个很美好的词语，因为它代表了某个环境、某个活动或者某个人与强化物配对和重新配对的过程。在这之后，孩子就可以平静地接受之前非常抗拒的事物了。脱敏的关键是给孩子充足的机会，让他能在放松的环境下反复地练习理发、看医生或者其他活动中会涉及的技能。任何活动都有可能让孩子产生抗拒，变成"非配对"

的活动，例如洗澡或者玩土豆先生的游戏。我们本章讨论的脱敏方法可以适用于各类不同的场景。

感官异常的问题有不同的表现形式。有的孤独症孩子对视觉刺激很敏感，例如很讨厌亮光；有的孩子对声音很敏感，容易被噪音所困扰。卢卡斯从小到大都经常戴着降噪耳机，因为嘈杂的声音让他难以忍受。但有的孩子接受不了戴耳机的感觉，所以父母需要先把耳机和孩子喜欢的视频或者其他东西配对起来。还有些孩子跟卢卡斯的情况正好相反，他们对于声音和话语非常不敏感。

有的孩子对于肢体上的触碰过度敏感，他们只能接受柔软的面料，衣服洗标的摩擦都会让他们抓狂；而有的孩子对于肢体触碰的感觉迟钝，需要很大力的碰触。这些对压力低敏的孩子经常会寻求感官的刺激，例如会撞墙或者把自己挤在沙发靠垫中间。还有些孩子对于食物的口感、纹路、温度和颜色非常敏感。

无论孩子面临的问题是什么，我们都不可能一辈子让孩子穿特殊的衣服、一整天都戴着耳机，或者让孩子一辈子都保持着固定的饮食，这绝不是问题的解决方案。你需要做的是帮助孩子正确对待这些他每天都会面对的感官刺激。

尽管如此，我并不建议操之过急，让孩子一下子接受所有的场景。但是当孩子对其中一种场景脱敏了之后，他在面对下一个场景时，接受度就会相对高一些，到后面脱敏就会越来越容易。

除了感官差异之外，我们的孩子们还存在语言缺陷，他们常常不能理解，为什么他们需要洗澡、为什么需要检查耳朵，以及为什么需要刷牙。他们不确定这些活动会不会带来疼痛，而他们又不能很好地表达出自己的恐惧。很多孩子不能接受强化物的延迟，也等不到这些活动结束之后再得到贴纸或者棒棒糖。

在学会本章的脱敏方法之前，很多父母和治疗师会采取强迫的方法，强行要求孩子完成看诊的过程。这会让孩子感觉到被侵犯了，他们常常会反击，产生攻击性的问题行为。而强迫会让孩子更加抗拒这些活动，其抵触情绪还会蔓延到更多的事情上面，例如剪指甲和滴眼药水等。我认为，对孩子实行肢体限制是不符合伦理的。我一点儿也不推荐使用压制的方法，除非是危害到人身安全的紧急情况。

我还知道有些父母会趁孩子睡着了偷偷给他剪头发或者进行其他困难的任务，因为经历过孩子的"大闹天宫"。我成为行为分析师之前，也尝试过趁卢卡斯睡着了给他偷偷剪指甲，所以我非常理解。但问题在于这些困难的任务大部分都无法在孩子睡着的时候进行。幸运的是，我们可以通过脱敏的策略来消除孩子对于洗澡、尝试新食物、剪指甲和剪头发等活动的恐惧，让孩子能够平静完成这些任务——在家里进行大量的练习。这个过程还可以改善孩子的语言能力，减少问题行为。

如果孩子能在洗澡的时候要求把水调热一点，或者在理发的时候能平静地要求理发师不要在耳朵周围使用电推剪，那他的情绪会好很多。有了更充分的沟通，问题行为自然就会减少。

总而言之，我不推荐趁孩子睡着的时候进行这些活动，也不推荐强迫孩子完成这些任务（除非是千钧一发的危急时刻）。如果父母一直使用强迫的方法，那随着孩子长大，从刚开始的一个人到后面需要三四个人才能按着孩子，而且参与的每一个人都有可能受伤。这也是为什么学会脱敏的策略对你来说是如此重要！

评估和制定计划

本书即将接近尾声，到现在你应该已经明确了：增加或者减少任何行为的第一步都是评估。

对孩子厌恶的事件、流程或者情景做出评估有助于你找到问题行为的真正成因——活动的具体哪个部分是孩子不能忍受的。例如：看医生的时候，孩子是刚到诊室就崩溃了？还是在测身高体重的环节大发脾气？还是医生进来，孩子看到他手上的听诊器的时候？

如果距离孩子上一次看医生已经过去了一段时间，你需要仔细回忆一下，问题行为是从哪个具体环节开始的。尽量弄清楚引发孩子问题行为的场所和详细步骤，以及问题行为发生的时间和具体表现形式。

然后创建一份任务分析表。将某个任务涉及的所有步骤都拆解开来，可以是医疗相关的场景也可以是日常生活场景，例如理发、洗澡或者看医生。接下来你要依照这份任务分析表来进一步评估活动的哪些部分是最难的。在评估的时候，你还需要记录下活动发生的地点以及在场和参与的所有人员。任务分析表还可以用于后续的计划制定和脱敏的干预过程。（所有表格的电子版都可以在 TurnAutismAround.com 的网站上找到。）

我们不可能一下子解决所有的问题，所以选择其中最困扰你的一个问题就好。一旦你掌握了脱敏流程的要领，就可以应用到其他很多的场景当中。接下来我们一起来看一份理发的脱敏范例，包括了任务分析、评估、制定计划和干预的各个环节。

让理发更轻松

孩子去理发店的频率要比去医院高很多，如果孩子很讨厌去理发店，那可能会对生活造成很多困扰。理发店里的一切都有可能让孩子情绪失控：理发剪、理发师靠近自己、喷水壶、理发围布，甚至是掉在脖子里面的碎发。

在制定理发的脱敏计划之前，先将孩子的理发流程进行拆解：

- 走进理发店
- 孩子坐在理发椅上面
- 给孩子穿上理发围布
- 用喷水壶将头发打湿
- 用理发剪剪头发
- 用电推剪理一下后颈和两侧的头发
- 用刷子刷去脸上和脖子处的碎发
- 脱掉理发围布
- 在父母付钱的时候能够安静等待
- 走出理发店
- 孩子得到强化物（高质量的）

当你把理发流程的所有步骤都列出来之后，就可以确定在家里进行理发演练的地点了,以及由谁来扮演理发师。例如:你可以让孩子走进模拟为理发店的厨房,坐在一把特定的椅子上。然后,你可以给他穿上一件罩衫,模拟理发围布,用装着温水的喷水壶将他的头发稍微喷湿,接着用玩具剪刀或者理发剪来假装剪头发。

你的终极目标可能是孩子能够全程坐在椅子上,平静地完成理发,没有尖叫也没有哭闹。但是如果孩子目前对于理发围布尤其排斥的话,你的首要目标应该是在每一次演练中让孩子穿着围布的时间能保持更长一点。

在练习这些步骤的时候,循序渐进是非常必要的。例如:刚开始的时候只要求孩子能够坐在"理发椅"上,并且能够接受围上道具围布或者毛巾。在孩子完成这两步之后,给他强化物,例如看一小段视频或者吃喜欢的零食。接下来你就可以跟孩子演练使用儿童理发剪了,可以使用道具剪刀或者不锋利的剪刀,还可以搭配演练用喷水壶打湿头发。如果当日已经完成了两个步骤可以先暂停一下,在第二天确认孩子已经接受之后再加入新的步骤。

有一位开理发店的朋友告诉我,喷水壶里面的常温水大约是70华氏度(相当于22摄氏度)左右,而我们的体温在98.6华氏度(相当于37摄氏度)左右。有些孩子会觉得喷壶内的水太凉而不能接受——卢卡斯就是如此。所以我们在跟卢卡斯进行理发演练的时候,每次都要换上新的温水,再进行打湿头发的步骤,这样他的接受度会高很多。

流程的关键在于循序渐进,增加学习的趣味性,并且在达到阶段目标的时候适当暂停,不要太急于求成。当然,如果孩子需要即时的医学治疗,不要等,可以采取一切办法来尽快完成,以孩子的身心健康为最高优先级。在非紧急情况下,循序渐进的方法可以让孩子更好地接受相应的活动。

如果你在过程中要求太高,孩子开始哭闹,不要因为孩子的哭闹结束整个流程,这样会让孩子把流程和负面的情绪联系起来。你可以使用第六章里面提到的"嘘,命名,给(强化物)"的方法来平复孩子的情绪,然后再执行一些简单的步骤,让整个流程平缓地结束。

当孩子在家里能够坐在椅子上完成整个理发演练的流程,你就可以找一个儿童友好型的理发店进行尝试了。儿童友好型的理发店常常能够更好地配合你的需求。当然,如果你找到了一家合适的理发店,就可以一直去,不要经常更换。注意不要像我和马克斯的妈妈一样，不预约就直接去店里。尽量确保每次给孩子理发的是同一位理发师，预约时尽量选择人少的时间段，这样环境中的感官刺激源相对会少一些。

有些孩子可能会需要更多的练习机会，甚至在刚开始的时候你要带他多去几次理发店（不进行任何剪头发的操作）。你可以只练习走进理发店和坐在椅子上两个步骤，完成了就可以回家并得到奖励。这样的练习可以根据需求多重复几次。接下来可以练习坐在椅子上，用喷水壶打湿头发的步骤。以此类推，逐步增加每次练习的步骤。跟老板商量一下，看看是否能把家里的理发套装带过去，然后由你将家里的练习流程演示给理发师看，熟悉的工具和熟悉的流程能帮助孩子过渡。

对于有一定语言理解能力的孩子，可以在去理发店之前先把理发店的照片给孩子看。我们请斯宾塞当小模特，给卢卡斯拍了一本理发的照片集。我们会把照片集给卢卡斯看，跟他解释整个流程："你需要走进理发店，然后你会看到米歇尔。接下来你需要坐在这把椅子上，然后穿好围布。米歇尔会在你的头发上面喷上温水，之后她会把你的头发剪得短一些。"

市面上也有一些描述理发步骤的出版物，或者你可以使用视频示范的方法，邀请孩子的兄弟姐妹、亲戚或者朋友去同一个理发店，拍摄理发的视频。你还可以在视频网站上面找一些各类活动的视频资源，例如抽血、看医生或者照 X 光之类的。

在每次练习结束，尤其是孩子取得了较大进步，能够去真实的理发店时，你需要立即予以大量的高质量强化。例如：孩子喜欢去游乐场或者喜欢吃某种特定的食物，你就把这些特别的事物和理发关联起来。

记得在孩子的日历表上及时记录问题行为的数据，还可以同步使用问题行为专用的 ABC 记录表，这样你能随时监测到孩子的进展或者退步情况。我们曾经有一个客户，在孤独症的症状之外还有着很严重的健康问题，我们会把他在看医生时出现的问题行为的严重程度按照 1 到 10 分进行打分，10 分代表非常严重，而且我们会记下来孩子看的是什么科的医生。通过数据，我们看到问题行为的严重程度在一段时间之后减轻了许多。

让孩子轻松服药

如果孩子不愿意吃药怎么办呢？在卢卡斯还是个婴儿的时候，我们可以直接把果味的液体药水滴进他嘴里，因为只有几小滴，所以他通常都会咽下去。但是当他长大了之后，对应他体重的药量也增加了，喂药就变得困难了很多。

因为卢卡斯极度挑食，在他三岁被诊断的时候体重过轻，医生建议我们每天给他服用复合维生素和营养补充剂。有时候卢卡斯生病了，我们还需要给他服用一些抗生素和其他药物。

有些家长会把药混在果汁里面，但卢卡斯从来不喝果汁。混在水里面又盖不住维生素或者药物的味道。而且，孩子喝完一杯果汁需要很长的时间，这样药物的剂量和间隔时间就不好把握了。把药片磨成粉末也不行，有时候粉末会沉着在杯底，这样就无法估量孩子的实际服药量。

为了解决卢卡斯吃药的问题，我们把药片磨成粉之后掺在了苹果泥里面，然后一勺一勺地喂他。每喂一勺苹果泥，就会给他一口喜欢的食物，然后再喂一口带药的苹果泥。但有些药的味道实在不怎么好，卢卡斯还是会拒绝。

给婴幼儿的药片通常做得很小，可以把它们混在软烂的食物例如苹果泥当中，然后用勺子喂给孩子，让他吞服。在喂卢卡斯吃药的时候，这一招很灵，因为药片是和苹果泥一起吞下去的，他完全没有察觉到。

如果孩子能够用敞口杯喝水，并且能够吞下一大口水，你就可以尝试用一小口米饭、米粒状的意大利面，或者你能找到的最小颗的豆子来让孩子练习吞咽。（我不推荐用小颗的薄荷糖或者其他糖果，因为它们本身的强烈味道会让孩子忍不住咀嚼。）你可以尝试亲自示范（或者视频示范）的方法，拿一小口米饭或者一小颗豆子放到自己嘴里，然后跟孩子说："看妈妈接下来要吞一大口水！"在你吞完之后让孩子跟着模仿。然后，再拿一小口米饭放进自己嘴里，跟孩子说："看，妈妈把米饭放在舌头上！"接着吞一大口水。再让孩子模仿你，并且给他相应的奖励。

> 当然，如果你的孩子存在严重的健康问题、吞咽障碍或者严重的行为问题，请务必寻求专业人士的帮助。再重申一遍，本书中的所有信息仅为参考意见，不能替代专业的医学建议。

看医生和牙医

让孩子对看医生、牙医和其他侵入性比较强的治疗过程（例如滴眼药水和抽血）脱敏是很难的事情，这比剪头发要难得多。在就诊期间往往无法让孩子看视频，转移注意力这一招是行不通的。而就诊过程中发生的事情有一定的随机性，无法做到提前预测，现实情况也不允许你反复地带孩子去医院进行情景演练。有一些治疗的过程还会带来不适感甚至疼痛。这些因素都让脱敏变得更加困难。你可以尽最大的可能，创建一份任务分析表，然后创造条件来演练看医生的过程。例如：如果你的孩子将要去医院检查耳朵，你就可以提前找一个玩具耳镜或者简易版耳镜，在家进行实操演练。

如果不是紧急的医疗需求，要尽量避免孩子看医生全程都在哭的情况。如果孩子还没有准备好，不要过度勉强。对于普通小朋友来说，碰到抽血、打针这些情况都会哭，让孩子对这些情况彻底脱敏是很难的。

而看牙医对于发育落后的孩子来说就更困难了。看牙医通常是一到两年才一次，不会有太多教学和练习的机会。如果你的孩子已经去过牙医诊所，你可以开始回忆上一次去的时候具体发生了什么，来作为评估的开端。孩子是从什么时候开始发脾气的？是去的路上就开始感到不安，还是看到诊所大门的时候？他会抗拒坐检查椅吗？是医生走进来的时候开始发脾气，还是医生把检查镜放进他嘴里的时候？

如果孩子目前连刷牙都抗拒的话，你就需要先从刷牙开始脱敏。同样，你需要先分析问题点。孩子是对牙刷或者牙膏格外敏感吗？你可以让他尝试不同的牙膏，或者从少量的牙膏开始直到他完全适应。你还可以把牙刷放在孩子的嘴前面，假装刷牙，让孩子先适应刷的动作。当孩子可以接受牙刷放进嘴里之后，你可以先刷几颗牙齿就结束，后面再慢慢增加到所有的牙齿都刷完。

无论目标是什么，一定要在每次练习结束后给孩子足够的奖励，然后继续逐步地延长牙刷放在嘴里的时间。

你还可以将刷牙的过程示范给孩子看，或者使用图书和相关视频，让孩子能看到别人是怎么刷牙的。

在进行看牙医脱敏的时候，我强烈建议买一套牙医口腔工具套装，里面包含口镜和剔挖器的那种。这种套装在当地药店或者网上都能买到。当然你不是像牙医那样真正地进行剔挖和刮除的操作，你只需要用工具触碰孩子的牙齿、在牙齿表面轻轻摩擦即可（要确保工具不是锋利的），目的是帮助孩子适应工具。我曾经就是这样跟卢卡斯进行练习的。我会让他坐在客厅的躺椅上，对他说："我们要练习牙齿检查啦！"接下来会把躺椅靠背调到倾斜的角度，然后给卢卡斯围上一块茶水巾来假装是牙科围兜。

当你在家里让孩子成功脱敏之后，可以询问一下牙科诊所能不能进行一次特殊的预约，允许你带孩子去到诊所，坐在真实的牙科椅上，然后你再跟孩子练习一遍家里的步骤。同样地，我建议你选在人少的时候去。

作为过来人，还有一条额外的小提示：如果孩子需要补牙，我建议选择牙齿色的复合填充材料。银汞合金的材料含有水银，所以牙齿色的复合材料对于孩子和成年人来说都更健康。

发育异常的儿童和成年人有可能没办法忍受侵入性的牙科治疗，也不能彻底脱敏，这是很常见的。卢卡斯到现在仍然在看儿童牙医（这位牙医也比较擅长诊治成年的孤独症人士）。而且除了常规牙齿检查之外的任何项目，卢卡斯都需要在口腔麻醉的情况下进行。

持续监测脱敏策略的实施效果，在一定阶段进行再次评估，对计划做些相应调整。

配对和重新配对的通用小技巧

很多父母可能会发现任务拆解的方法很有用，但是却卡在配对的具体执行上面，尤其是每天都会出现一些小事让孩子和你崩溃的时候。在过去的二十多年间，我见过的所有孩子（包括我自己的儿子卢卡斯）总会或多或少地遇到一些问题，要么是讨厌剪指甲、拒绝尝试新食物、拒绝用不同的水杯喝水、适应不了新的床或者适应不了新的保姆。有时候有些之前喜欢的玩具也会突然变得不可接受了，例如突然开始排斥之前很喜欢的土豆先生套装。我们已经在前面介绍了配对的策略，在这里也介绍一下重新配对的注意事项。如果孩子突然开始讨厌之前可以接受的东西怎么办？

埃琳娜（第八章和第九章提到过的小女孩）26个月大的时候，她妈妈米歇尔在我们的在线社区中发帖，提到埃琳娜突然变得非常抗拒洗澡，会全程尖叫。米歇尔非常担心，她连着很多天都只能为埃琳娜擦洗清洁。我问她妈妈是不是发生了什么不愉快的事情，让浴缸成为了埃琳娜讨厌的事物。是洗澡水调得太热了？还是埃琳娜之前去泳池的时候被溅得满头是水？还是她去医院的时候被强行按着检查？果不其然，米歇尔提到了上一周埃琳娜去医院进行核磁共振扫描，在检查前准备的时候埃琳娜被大人按着注射了镇静剂。在我指出这个问题之前，米歇尔完全没有意识到发生在医院里的肢体控制会让洗澡变成一个大问题。

在遵循我的建议实行了几周之后，米歇尔彻底改变了局面，埃琳娜开始主动要求洗澡了！"她都等不到我把浴缸放满水，就自己爬进去了。而且在我们洗完的时候，她会说'再玩一会儿'，她根本不想从浴缸里出来！"米歇尔激动地和我描述具体情况。

以下是米歇尔在重新配对洗澡的时候采用的一些策略：

- 浴缸先不放水，让孩子穿着衣服在浴缸里玩他最喜欢的玩具，然后逐渐过渡到脱掉衣服。
- 准备一些浴缸玩具，也可以买新的（钓鱼套装、浴缸蜡笔、泡泡沐浴液、舀水的杯子，等等）。
- 将浴缸放满温水，鼓励孩子站在浴缸外面，伸手去水里玩玩具。
- 鼓励孩子把脚放进水里，刚开始几秒钟就好了，在他随时想退出来的时候帮助他走出浴缸。
- 逐步地增加孩子站着玩玩具的时间，尝试在孩子脚上和肚子上浇水，并且用沐浴海绵擦拭。

・鼓励孩子坐在浴缸里面（有时候孩子玩着玩具可能自然就坐下来了）。

这个重新配对的过程也并不是完美的，米歇尔提到，中途也曾出现问题行为，例如讨价还价。在妈妈要求太高的时候，埃琳娜会说"不要"。当问题行为出现的时候，米歇尔会稍微退一步，跟埃琳娜说："我们今天不用坐在浴缸里面，但是我们明天可以再试一次。"或者在埃琳娜拒绝擦拭的时候，直接让她选择："你是想要妈妈先帮你洗手，还是先帮你洗脚？"

希望以上关于脱敏和配对的策略能够帮助你解决目前遇到的实际困难，以及面对未来孩子可能的抵触情绪。关于本章的核心内容，你需要记住以下两点：(1) 永远不要强行对孩子实施肢体控制，除非是非常紧急的情况；(2) 任何人、任何场所、任何物品、任何流程或者活动都可以进行配对和重新配对，只要你付出足够的时间、精力和耐心。

接下来会进入到本书的最后一章，我会讲到对专业人士、学校和干预资源的选择，这些也是很重要的。我还会讲到，如何当好"船长"，为孩子和其他所有家人创造美好的生活。我也会对 TAA 方法的四个关键步骤进行总结，希望能为现在的你和将来的你提供一些持续的支持。

第十四章

成为孩子最好的老师，倡导更好的生活

恭喜你读到了最后一章！希望现在的你焦虑少了一些，自信多了一些，对于如何帮助孩子也有了更多的信息。

无论你是一口气读完这本书的还是慢慢来的，我认为你的知识储备已经完全不同往日了。在本书开头你问到的那些问题，诸如"我的孩子只是比较固执或者只是说话晚一些？这些是孤独症或者多动症的症状吗？"现在你可能已经有了一些答案。

实际上，本书贯穿始终的关键问题就一个：无论孩子有没有诊断，我可以做什么来帮助他？

而现在你知道了，自己可以做的事情太多了！

你可能又会遇到另一个问题。一下子多了这么多信息——你想要尝试的策略太多了。刚刚被任命为新的"船长"，你倍感压力。

你不可能单凭自己的力量解决所有的问题。在跟孩子一起克服干预路上的种种困难时，你还需要照顾自己和全家人的生活。但是时间是不等人的，那要怎样才能兼顾所有呢？

寻求必要的帮助

你可以每天坚持使用 TAA 的方法来帮助孩子学习新技能，但你不能只靠自己，还需要寻求必要的帮助。除非你的孩子只是在能力上轻微落后，并且很快就赶上了同龄孩子的水平。

我在本书和在线 TAA 项目中都鼓励父母每天花 15 分钟对孩子进行干预。

但是有研究表明，小龄孤独症孩子每周至少需要 20 小时的密集 ABA 干预，部分孩子甚至需要 40 小时。

即便孩子现在的干预资源不是最理想的，你也不要焦虑，深呼吸放松，然后努力改变当下的局面。无论是孩子现在的专家团队还是未来的，他们都是有着多年受训背景和实操经验的。他们跟你一样，也希望孩子能够取得更多的进步。学会跟专业人士合作，跟他们分享你正在进行的 TAA 策略。

身边的医生、孤独症专家、亲朋好友们可能会告诫你说，你的孩子"太高功能了"、"太低功能了"、"年龄太大了"、"年纪太小了"，所以 ABA 和 TAA 的方法对他用处不大。事实并非如此。只要你的孩子目前存在语言发育障碍或者其他能力领域的落后，他就可以在 ABA 和 TAA 干预中取得进步。

我曾经给每一个发育落后孩子的家长推荐 ABA 和言语治疗，因为我觉得无论是什么类型的干预资源，有总比没有好。但在过去的多年间，我接触了成百上千位特殊需要孩子，也培训了几千名来自八十多个不同国家和地区的父母和专业人员，在这之后我的观点发生了转变。

有一位名叫萨拉的妈妈加入了我的在线 TAA 项目，那时候她儿子康纳两岁，刚被确诊为孤独症，排队等待着 ABA 的干预资源。萨拉在家里实行了两周的 TAA 干预之后，康纳就爱上了桌面时间，并且说出了他的第一个词"苹果"。

几个月之后，康纳终于排上了 ABA 的干预资源，开始了每天四个小时的干预。全家人都很开心，期待着康纳接下来能进入学习的快车道。但是行为分析师却提醒他们，康纳在干预的前期可能会出现很多的哭闹，因为他们会要求康纳坐在桌子旁边完成"任务"。而且行为分析师对于康纳的 TAA 评估表格和他妈妈提供的视频没有表现出多少兴趣，哪怕视频中体现了康纳在过去两个月中取得的惊人进步。

萨拉没有放弃，继续建议行为分析师看一下康纳接受 TAA 干预前后的能力对比视频。萨拉还建议行为分析师使用她在家庭干预中使用的活动和材料，来减少桌面时间的哭闹。萨拉的坚持有了收获，最终她跟专业人士们一起将 TAA 的策略成功融入了康纳的专业干预当中。

但并不是每个家庭都能找到积极协作的专业人士，至少寻找的过程需要花些时间。而有些父母会像凯尔茜一样，发现孩子现有的专业资源没有帮助孩子进步时，只能选择停止。

所以我现在的观点是：如果目前的干预资源对孩子无益，那不如没有。聊胜于无有时候并不成立。如果你一时间找不到合适的干预资源也不用太担心，因为你已经学会了如何跟孩子互动和教学，孩子已经跟着你开始学习了，不会因为"没有资源"而停滞不前。在你进行家庭干预的同时，你也可以继续寻找合适的专业资源。

在专业资源之外，你还会需要非专业的资源来帮忙保证孩子的安全，也让孩子在醒着的时间更加充实。听起来可能会有些吓人，孤独症孩子在所有醒着的时间都需要有人帮他们做出安排，而这个时长每周接近 100 小时。很显然这不可能全靠你自己。在我儿子年幼的时候，我有好几年都一直在雇用钟点工和全职保姆。在我工作、攻读博士学位以及写第一本书的时候，他们会帮助我照顾卢卡斯和斯宾塞。我同样也很感激我的丈夫、我的父母、兄弟姐妹和朋友们，他们也帮助了我很多。

因为保险公司承担了卢卡斯的干预费用，根据他们的要求，在卢卡斯接受每周 40 小时的 ABA 干预期间，必须有监护人全程在家。有一次我需要出门办事，于是叫父亲过来帮忙。当时我父亲跟斯宾塞在楼上玩，卢卡斯就在楼下接受干预。我回家的时候，父亲跟我开玩笑说，感觉自己就像是被"软禁"了，一刻都不能离开家里。是的，我偶尔确实会有这样的感觉。

所以如果你的家人和朋友能够提供帮助，或者你有条件可以请人帮忙，我强烈建议利用一切资源。当然哪怕你有财力可以请到最好的保姆、最棒的老师，你还是需要参与孩子的干预过程，亲力亲为。只有你才是主导孩子干预项目的最佳人选。

高功能 VS 低功能

"高功能"和"低功能"的标签通常主观性很强，参考性不大。假如你是一位老师，你班上有六到八位孤独症孩子。让你将这些学生按照能力从高到低进行排序，你可能会犯难。你需要根据什么来排序呢？是根据问题行为的程度？根据学术和语言能力？还是根据社交能力？

有些父母和专业人士通过给孩子贴上"高功能"的标签来弱化问题，我可以理解他们的初衷。但是有时候孩子表现得越"正常"，反而需要父母在医疗系统和学校系统中更多地为他去争取。因为孩子表现得"功能越高"，越容易被认为不需要干预资源。尽管"高功能"的标签会带来一些慰藉，但这个标签却掩盖不了孩子的问题和需求。

有些被定义为"高功能"的孩子最后进入了主流的教育环境，也学会了开车、顺利上了大学，然后结婚生子。但"高功能"的孩子也更容易受到焦虑、抑郁和其他心理问题的困扰。

大家使用"低功能"来描述孩子的能力时，常常是指那些同时有智力障碍的、语言表达非常有限的孩子们。但是在能够上大学、开车和需要持续的密集支持这两种极端情况之外，还有很多能力处在中间范围的孩子们。有些被贴上"高功能"标签的孩子通常具有完备的语言能力，但是却因为过度的焦虑和抑郁而无法胜任一份工作。其他被贴上"低功能"标签的孩子也可以开心快乐地成长，可以找到工作，在生活中也不再依赖大量的辅助。

无论孩子身上孤独症的标签是"重度"还是"轻度"，你都应该给予孩子最大的支持和干预资源。得不到足够的干预，被诊断为轻度的孩子的干预效果不一定会比重度的好，也有可能伴随着长期困扰的问题。给孩子的干预永远都不嫌多，反倒是你可能会在将来的某一天后悔，自己没有给孩子足够的支持。

倡导更好的生活

倡议是一项终身的技能。对于发育正常的斯宾塞，我也一直在努力成为他更好的老师，从未停止过为他争取权益。过去多年的经历让我意识到："只做父母"是不现实的，成为最好的父母意味着你同时也要成为孩子的老师和权益倡导者。

就像萨拉一样，你接下来也可能会遇到需要让其他人跟你的 TAA 干预保持一致的场景。大概率你会需要为孩子争取他所需要的干预和教育资源。

残酷的现实就是，在我进入孤独症领域的二十多年间，仍然见到了很多孤独症和疑似孤独症的孩子没有得到足够的资源来改变生活。在居家、机构和学校环境中能够提供高质量干预的资源很有限。这也是我写本书的原因之一。

如果你在当地找不到行为分析师或者其他的孤独症专家应该怎么办？如果你找到的专家不接受 TAA 的方法怎么办？如果你孩子的行为分析师、老师、言语治疗师、作业治疗师或者校长对于你的居家干预不太认同，我建议你可以把评估、干预计划、语言能力抽样表和孩子的表现视频展示给他们看，让他们看到你在家里帮助孩子取得的进步。如果他们能通过数据和视频直观地看到孩子的进展，他们可能会改变看法。

你还有可能需要跟孩子的幼儿园、保险公司和学校/学区一起来制定孩子的（其他孤独症和发育落后的孩子也是如此）教育安置方案。这无疑会逼着你走出舒适区去争取，因为这关系到孩子的未来。

无论你在哪个地方，任何提供给孩子干预资金支持的组织都会需要孩子的基线能力和教学过程的数据，需要知道孩子的干预计划和具体目标。他们也会定期跟进进度。即使你是在家里自己进行干预，你也应该养成记录的习惯。

把这件事情列为首要的待办事项，整洁、严谨地记录孩子的需求、评估数据、干预数据、进展情况以及他至今为止接受过的专业干预的情况。将所有资料按不同模块用文件夹妥善保存。在你为孩子争取权益的时候，这些都会成为你最好的武器。不仅仅是因为这些信息很重要，任何一位看到你文件夹的人也能同时感受到你的坚定。

你还会被要求参加孩子的干预和教育讨论会，这些也是你应该参加的会议。如果有条件的话，我建议带一位支持你的人一起参加每次会议。当你一个人面对一群人的时候，你会很感激有一个人是站在你这边的。在会议期间也可以让这位支持者帮忙进行会议记录，方便会后及时复盘和跟进。

永远记住：倡议不等于斗争，不要变成"我方对阵他方"的战斗。大家应该有着共同的目标，那就是为了孩子能取得最大的进步而奋斗。倡议也不应该变成空喊口号，而是应该切实地从孩子的强弱项出发，基于具体数据和家庭需求的轻重缓急来制定干预方案。

在有些情况下，你可能需要第三方来进行评估，或者需要现有团队以外的其他人来调停局面。局外人可能会更清晰地看到分歧的根源，给你解决建议。

你还可以选择职业的倡导顾问。我当时是在当地的心理健康协会找到了一位免费的倡导顾问。如果你能够负担相应的费用的话，可以找付费的倡导顾问或者律师。你还可以报名线下和线上的倡导工作坊，了解更多相关知识。

同时尽可能地从朋友、家庭和观念一致的专家那里寻求更多支持。学会求助，哪怕只是为了吐吐槽、倒倒苦水。如果有人质疑你的干预方法，可以把这本书推荐给他。

还可以加入线上和线下的家长互助群。这些群可以给你精神上和专业知识上的双重支持。你会从其他有类似经历的家长那里学到很多，尤其是他人的经验跟你遇到的问题有很强的关联性的时候。

孩子永远都会有"下一步"要走，所以并没有一个明确的时间节点让你停止为孩子争取。坚持下去，一步一个脚印，相信自己，你已经具备了倡导更好的生活的能力。

TAA 方法的四大关键步骤

TAA 方法里面包含了四大步骤，适用于所有问题和所有能力领域的教学。所以无论你是想教孩子说话、减少哭闹、教他在自己床上独立睡觉还是去看医生，你都可以按照这个流程来进行。以下是四大关键步骤的总结：

1. **评估。**解决所有问题的第一步就是评估，TAA 评估表就是一个很好的初始评估和复评的工具。我知道我在本书中已经强调了很多次，但是评估确实就是如此的重要。你也可以将孩子近期的医学报告、专业干预报告和本书第四章提到的 TAA 评估综合在一起。得到了完整的评估信息之后，下一步就需要把孩子的当前能力水平与常规的发育里程碑进行比较，明确孩子发育落后的程度。

在你手头已经有了很多其他资料的时候，也许你和孩子的治疗师都会认为 TAA 评估的一页纸不那么重要了。但是在开始 TAA 干预之前，用一页纸列出孩子的长处和各个领域的问题是非常必要的。这个评估工具会让你一目了然地看到孩子目前的问题总结，包括依恋奶嘴、睡眠问题、语言能力不足等。缺了这一步 TAA 干预就无法开展。

如果孩子出现了健康问题，或他在生理、体格发育方面令你担忧，请找专业的医师进行咨询。你还可以找言语治疗师、儿科医生或者其他专家对孩子进行评估。但是你要做好心理准备，评估排队可能是无法避免的，必要的时候你也要为孩子争取权益。

2. **计划**。下一步就是完成并持续更新 TAA 干预计划表（见第五章）。要确保早期干预方案是以 TAA 评估信息为基础的，评估与干预脱节是常见的误区。例如，ABA 干预机构的治疗师可能会提到，他们的方案是按照 VB-MAPP 出具的，并且需要进行 VB-MAPP 的评估才能拿到保险公司的费用补贴。而他们的方案里面可能包含了大量的改善眼神接触、增加语句长度、学习抽象语言概念等目标，这些对于孩子来说都太难了。所以如果你要进行 TAA 的干预，请按照 TAA 的评估来制定干预计划。

3. **教学**。尽量不要让孩子闲着，不要让他的一天当中出现大段的空闲时间。保持积极、正向的态度，把 95% 的时间用于预防问题行为。根据 TAA 干预计划和具体目标来选择教学活动和教学材料。

4. **监控进度**。记录你的教学过程和孩子的进展数据。根据你记录的数据来调整每日课程安排。定期更新 TAA 的评估和计划表。孩子进展越快，你需要更新的频率就越高——可能几个月就需要更新一次。使用我们第六章提到的日历系统来记录孩子的健康和行为状况，并且针对主要的问题行为记录 ABC 数据，用于分析和预防问题行为。

孩子以及全家人的快乐是至关重要的

孤独症孩子很少能获得充足的早期干预资源。实际上，他们在黄金干预期往往只能获得每周一到三小时的随机干预。随着被诊断人数的不断增多，早期干预机构和学校的压力也越来越大，逐渐无法满足所有孤独症孩子的需求。这也是为什么父母需要尽可能多地学习相关知识，为孩子争取权益。没有人比你更了解孩子，也没有人比你更希望他取得进步。

我们的孩子们等不起。正如我在第一章提到的，尽快解决孩子的行为问题和帮助他赶上语言和社交方面落后的部分远比拿到一纸诊断书要重要得多。逃避和否认（像曾经的我一样）解决不了任何问题，一味地被动等待也只是在白白浪费时间。

虽然你对曾经做出的错误决定经常懊悔不已，但是不要沉浸在后悔和自责当中。你可能会责怪自己当初怎么听了别人的错误建议，在自己"耐心地"排队等评估、等资源的时候，孩子却退步得越来越多。对于曾经做出误判，告诉你孩子没有任何发育迟缓的医生或者言语治疗师，你恨不得去他们那里讨个说法。那位两年前给孩子进行干预的治疗师曾经告诉你，自言自语"只是"孤独症的表现之一而已。对于这些曾经的误区，你的愤怒、懊恼都解决不了问题。不要让情绪掌控自己。

通过这本书的阅读，无论你曾经经历过什么，或者你曾经得到过什么样的建议，现在的你都有能力改变局面，逆风起航，跟孩子一起改变现在的局面。现在的你学会了怎么教孩子沟通，教他独立如厕、独立睡觉，你能够让孩子跟全家人一起吃饭，也可以解决孩子在看医生、理发等生活中的问题。无论孩子有没有被诊断为孤独症，你都可以给他创造更好的生活。

如果你的孩子已经被确诊为孤独症或者即将去进行诊断评估，干预永远都没有固定的格式，就像孤独症的表现也是因人而异的。没有人有水晶球，也不能预测你的孩子未来一定会成为什么样子。没有人能预测一个 2 岁的孩子到 8 岁甚至 18 岁的时候会是什么样子。我们可以预测的只有，通过早期密集的干预，你可以改变孩子的人生。

二十年前的我认为自己能很快扫清所有的障碍，回归到"正常的"生活。我曾经认为卢卡斯的"康复"是非此即彼的，我甚至设想过无数次要在卢卡斯正式康复的时间给他办一个庆祝派对。但是后来我明白了，"正常的"标准是不存在的，没有人可以定义"正常的"生活是什么样子的，而世界上也不存在"完美的"人生。

孩子的人生只有一次，你和家庭里的每一个人都是如此。人生并不是百米冲刺，而是一场马拉松长跑。我常常说，人生是一场过山车式的马拉松，你永远都不知道会在哪里拐弯，也不知道下一道坎坷何时到来。所以要照顾好自己，不要忘了也要过好你自己的人生。

可能现在的你并没有完全同意我的观点，但是当你直面风浪、积极地扬起风帆，带领孩子一起提高的时候，你就会发现，自己不仅仅改变了孩子的生活，也正在使自己的生活变得更好。

这本书会常读常新。在遇到新问题的时候，你可以再次翻开这本书寻找答案。如果你曾经坠入深渊，希望本书可以帮助你走出黑暗；如果你已经踏上了征途，希望本书能帮助你勇攀高峰。扫清了阴霾之后，希望前方更加明朗的天空可以让你少一些彷徨。

当然只阅读这本书也是远远不够的。你需要不断前进，保持终身学习。而我也会一直在这里陪伴你、支持你。我的使命就是帮助全世界数以百万计的孤独症家庭扭转局面，成为生活的主宰。

经过了这么多年跟卢卡斯、斯宾塞以及其他所有家人的并肩作战，我对两个孩子的期望从未改变。我希望他们平安、喜乐、独立、自由，希望他们的人生不留遗憾。这也是我对于所有孩子的美好祝福。

术语表

ABA：Applied Behavior Analysis 应用行为分析。 改变行为的科学，侧重于改变具有显著社会性意义的行为；孤独症谱系儿童的行为干预方法，可以增加儿童的语言和学习技能，减少问题行为。

ADHD：Attention Deficit Hyperactivity Disorder 注意力缺陷及多动障碍。 一种神经发育性障碍，通常表现为注意力集中困难、注意持续时间短暂或者活动过度、易冲动，从而出现学习困难和发育落后。

Autism or ASD：Autism Spectrum Disorder 孤独症或孤独症谱系障碍。 一种神经发育性障碍，通常表现为语言和社交技能缺陷，伴随着狭隘的兴趣和重复刻板的行为。这是一种"谱系"障碍，其症状表现形式和障碍程度各种各样，范围很广。

BCBA or BCBA-D 认证行为分析师或博士级认证行为分析师。 行为分析师需要满足执照相关的教育和实践经验要求，并且通过委员会的资格认证考试。行为分析师需要至少持有硕士学历，博士级行为分析师的最低学位要求为博士。

Conditional discrimination 条件区辨。 能够区分辨别相似物品的能力，例如分辨厕所用纸和厨房用纸，能区别回答"谁"和"哪里"的问题。

Delayed echolalia 延迟仿说。 按照完全复诵的方式重复过去听到的字句。这种行为也被称为"复诵"或者"（语言上的）自我刺激"。

Desensitization 脱敏。将某个场景、某项活动或者某个人与强化物配对起来，或者重新进行配对，从而使孩子能够平静地接受之前厌恶的场景/事物。

Echoic 仿说。重复别人说的话。包括即时仿说和延迟仿说。斯金纳教授在《语言行为》(*Verbal Behavior*)一书中定义的四种基本语言操作之一。

Echoic control 仿说控制。在没有呈现任何实物或者图片的情况下，能让孩子重复听到的词句。例如：当你提示孩子"说'球'"的时候，孩子能够说"球"。

Errorless teaching 零错误教学。一种确保孩子总是能正确回答的教学策略。在给孩子一个指令或者问了孩子一个问题之后立即予以提示，避免错误的发生。

Expressive language 表达性语言。通过手势、词语和句子来表达需求，到后期能跟他人沟通想法和方案。由四种基础的语言操作组成（提要求、命名、仿说和互动式语言）。

Generalization 泛化（也译为"迁移"）。在学会某项技能之后能够将其以不同的形式运用在不同的情境和不同的人上面。例如：在能识别图片中的猫之后，看到真实的猫也能说出"猫"。

Hyperlexia 高读症。又译为"阅读早慧"，表现是能够阅读超出当前年龄段或者功能性语言水平的字母和单词；对于字母和数字表现出过度的迷恋。

Interverbal 互动式语言。语言填空或者回答特殊疑问句；在没有视觉提示或者其他提示的情况下，能够回应他人的语言行为。斯金纳教授在《语言行为》一书中定义的四种基本语言操作之一。

Joint Attention 共同注意。一项重要的社交技能，意指将注意力放在同一件物品或者同一项活动上面，并且参与双方都能觉察到此注意力是共享的。

Mand 提要求。要求某件物品、某项行动、关注或者信息。动机是提要求的前提（先备条件），结果是直接的强化（得到了所要求的东西）。这也让提要求成为斯金纳教授在《语言行为》一书中提到的四种语言操作中最重要的一种。

Matching skills 配对技能。能够将完全一样的物品或者相似的物品进行配对的能力。

M-CHAT：Modified Checklist for Autism in Toddlers 婴幼儿孤独症筛查表（修订版）。一套权威的婴幼儿发育情况的筛查工具，适用于 16 月龄至 30 月龄的孩子。这套工具有助于识别孩子的发育异常，为进一步的发育评估和孤独症评估做铺垫。

Multiple control 多重控制。通过整合两种及两种以上的语言操作（提要求、命名，和/或仿说）来提高学习效果。在以 TAA 方法进行的幼儿活动中会密集地用到多重控制的方法，这样孩子在说出一个词的时候，它既是提要求，也是命名，也是仿说。

Operant 操作。一种按照前提和后果来定义的行为。例如：提要求的前提是动机，后果是得到所要求的的物品。四种基本的语言操作是提要求、命名、仿说和互动式语言。

OT：Occupational Therapy 作业治疗。使用有目的性的活动来治疗或协助个体解决运动技能障碍、感统失调障碍等，减轻发育障碍和社会功能障碍对个体的影响，使他们能获得最大程度的生活独立性。在日常生活的活动中给予个体支持，例如喂养、梳洗、穿衣和如厕等。

Pairing 配对。使用已经具有强化性的物品（孩子喜欢的）来让新的人、具有挑战性的材料或者任务以及不熟悉的环境也变得具有强化性，配对是一个持续的过程。

Pica 异食症。一种可能会危及生命的疾病，主要指孩子会吃下不可食用的物品，例如肥皂、尘土、石头或者排泄物。孩子出现了异食症，需要立即寻求专业医疗人士的帮助。

Pop out words "突然冒出来的"词。孩子时不时会突然说出来的词，但是在被要求表达时又不能说出来。

Prompt 提示/辅助。给予孩子线索或者提示，让孩子能做出正确反应。辅助有几种类型，包括肢体辅助（轻轻地帮助孩子进行特定的动作）、姿势辅助（指向特定的区域）、示范（在说"摸头"的同时摸自己的头）和口语辅助（增加额外的词语来说明或者给予提示）。

Receptive language 理解性语言。理解他人语言的能力。

Regression 退化。孤独症孩子不再使用已经学会的语言或技能。

Reinforcement/Reinforcer 强化/强化物。让某个行为在未来发生的频率增加的东西，包括食物、玩具或其他物品、活动、注意力（例如表扬）等。

Scripting 刻板背诵。原样重复电影中的台词、单词或短语，而不理解语言本身的意思。也叫"延迟仿说"。

SIB：Self-injury Behavior 自伤行为。孩子伤害自己的问题行为，例如不断地用拳头打自己头或者抓挠自己的皮肤。孩子出现自伤行为时，需要立即寻求专业人士的帮助。

Skinner B. F. 伯勒斯·弗雷德·斯金纳。实验行为分析的学科创始人，《语言行为》（1957年出版）的作者。

SLP：Speech and Language Pathologist 言语和语言治疗师。受过专业训练的医疗服务提供者，专攻言语、语言、沟通、吞咽或者听力等障碍的评估与治疗。

STAT：Screening Tool for Autism in Toddlers 幼儿孤独症筛查工具。由温迪·斯通博士（Wendy Stone）研发的一份互动式筛查工具，其内容由12个活动组成，通过活动来测试孩子的社交和沟通能力，预判孤独症的风险。

Stimming 刻板行为。自我刺激行为，通常表现为重复特定的动作（甩手、前后晃动等）、重复发出特定的声音（这种也叫作"语言刻板行为"），或者背诵从电影中听到的台词或者过去听到的话（这种也叫作"复诵"）。

Tact 命名。说出某件物品、某张图片的名称，或者描述属性、地点、气味、口感、声音或者感觉。这是斯金纳在《语言行为》一书中提到的四种基础语言操作之一。

Transfer trial 回合转换。撤除辅助的过程，或者把某个技能从一个操作转换到另一个操作，例如从理解/识别某个身体部位转换到命名同一个身体部位。

VB-MAPP：Verbal Behavior Milestones Assessment and Placement Program 语言行为里程碑评估及安置计划。一套全面的评估和课程指引，由马克·松德博格教授（Mark Sundberg）研发，是根据斯金纳的《语言行为》一书中的核心内容所编撰。

Video Modeling 视频示范。通过拍摄真人示范的视频，来教授孩子理想行为，是一项有实证研究支持的有效策略。

译后记

这些年来，我常常感受着家长们的惊喜与感动。

有位奶奶独自在大城市租房带着孙女干预，每次开家长会的时候，她在提问题的同时总会分享着自己已经采取的策略，而且通常都是有效而实用的解决办法。奶奶每次分享都是笑意盈盈地说着孙女有多特别。有位妈妈，每次在我说了练习重点之后，都会以最快的速度找齐所有材料，及时反馈练习视频。在练习用笔的时候，还自己额外尝试了不同形态不同材质的笔，高兴地告诉我点涂笔更易抓握，趣味性更强，孩子的练习热情明显更高。

"作为最了解孩子的人，你完全可以成为孩子最好的老师。"巴伯拉博士在本书中也是这样告诉家长们的。

"有时候，依赖久了，也许是家长更需要机构吧。"一位家长深叹了一口气，和我这样说，但其实他已经能够为孩子进行高效的居家干预了。时常还会有老家长问我，我家孩子还要不要继续在机构学习呢？孩子的各项能力已经达到一定的程度时，纯一对一和小班的局限性就会比较明显，就需要大一点的集体环境来进行社交的学习。但是我有时也会非常纠结，不敢随便调整机构的课程。我想巴伯拉博士在这本书里鼓励父母要"成为孩子的掌舵人"，就给出了这个问题的答案。当你站在全盘的角度，把孩子的机构资源、学校资源、社区资源、家庭资源放在一起综合考量的时候，便不再困于"是和否"的对立。

我遇到过许多家长，他们之中大部分对于孩子成长的期望是，"希望能带孩子出去""孩子能跟上幼儿园/集体的进度""孩子能健康、独立地生活"。而这本书就紧紧贴近了这些日常生活的需求，从吃饭、睡觉、健康到情绪、沟通，细细说来，帮助家长陪孩子一步一步前进。看到书中的卢卡斯、奇诺的成长历程，就像看着邻居家的孩子，家长们一起学习成长，交流着养育的心得。我想，巴伯拉博士也是在鼓励着家长们，我们不用独自承担着社交压力将孩子"隐藏"起来，我们不仅仅能带孩子出去，还可以带着孩子学会自主生活的能力，学会感受世界，与世界沟通。

"做起来！"我常常跟家长说，不要纠结没有做到的部分，不要纠结自己做得不够完美。作为父母，在照顾孩子之外，我们常常还有很多需要兼顾的工作、社交、生活琐事，日常生活中也不会时时刻刻都有完美的干预时间和环境。我们想让孩子学会独立穿戴整理，想在出门前多给孩子一点尝试的时间，但是总有赶着上班、赶着送孩子上学的情况。不用为了做不到100%而焦虑，积少成多就好。不用数着错过的机会次数，看一看已经做到的部分，给自己一些鼓励。今天时间充裕，就坚持做一次，明天两次，然后第三次……回头看的时候，我们已经和孩子一起掌握了新的技能。

进行本书翻译工作时的某一天，我正在江边散步，思考着书名。这时头顶恰好有一架飞机正在降落，机翼斜斜地切着夕阳分界线。飞机逆着风往前行进直到消失在我的视线范围之外。不一会儿却又迎着我飞了回来，划过一整圈之后，最后往我身后机场的方向落去。

看着这一幕，我有些出神。当我们谈到车船旅程时，总是怀揣着顺风顺水的期望。而飞机出发时，却常常需要逆着风来借力，完成一次更高效的行程。我不禁揣测，也许巴伯拉博士希望父母们能"逆转孤独症的局面（Turn Around Autism）"，便是期望父母能带着孩子一起迎难而上，借力前行。"逆风起航"的书名便是由此而来。

逆风也许意味着我们会直面许多的困难，但逆风也是一种起程的姿态。

准备好了吗？我们一起出发。

龙焰
2022 年 10 月

译者简介

龙焰，教育学硕士，认证行为分析师（BCBA）。2017 年硕士毕业于美国得克萨斯大学奥斯汀分校特殊儿童早期教育专业。研究兴趣为针对发育性障碍儿童的问题行为管理、个案能力评估与专业培训课程的设计。在中美服务及从业的十年间，深入学校、教育和康复机构、家庭及社区环境等，为各类背景的特殊需要儿童及其家庭提供咨询、干预服务；为探索特殊教育和康复服务本土化，致力于帮助各类机构进行教学体系和师训体系的研发与落地、教学课程研发与设计等。

图书在版编目（CIP）数据

逆风起航：新手家长养育指南 /（美）玛丽·林奇·巴伯拉（Mary Lynch Barbera）著；龙焰译. --北京：华夏出版社有限公司，2023.1
书名原文：Turn Autism Around: An Action Guide for Parents of Young Children with Early Signs of Autism
ISBN 978-7-5222-0419-2

Ⅰ.①逆… Ⅱ.①玛… ②龙… Ⅲ.①家庭教育—指南 Ⅳ.①G78-62

中国版本图书馆CIP数据核字（2022）第182815号

TURN AUTISM AROUOND
Copyright©2021 by Mary Lynch Barbera Ph.D.,RN,BCBA-D
Originally published in 2021 by Hay House Inc. USA

©华夏出版社有限公司　未经许可，不得以任何方式使用本书全部及任何部分内容，违者必究。

北京市版权局著作权合同登记号：图字01-2021-4336号

逆风起航：新手家长养育指南

作　　者	［美］玛丽·林奇·巴伯拉
责任编辑	许　婷　马佳琪
出版发行	华夏出版社有限公司
经　　销	新华书店
印　　装	三河市少明印务有限公司
版　　次	2023年1月北京第1版　2023年1月北京第1次印刷
开　　本	710×1000　1/16开
印　　张	13.5
字　　数	150千字
定　　价	78.00元

华夏出版社有限公司　地址：北京市东直门外香河园北里4号　邮编：100028
网址：www.hxph.com.cn　电话：（010）64663331（转）
若发现本版图书有印装质量问题，请与我社营销中心联系调换。